MARCO POLO

Südschweden Stockholm

Reisen mit Insider Tipps

Diesen Führer schrieb Tatjana Reiff. Sie lebt als freie Journalistin und Übersetzerin in Stockholm und bereist Südschweden seit vielen Jahren.

www.marcopolo.de
Infos zu den beliebtesten Reisezielen im Internet, siehe auch Seite 106

MAIRS GEOGRAPHISCHER VERLAG

SYMBOLE

Insider Tipp **MARCO POLO INSIDER-TIPPS:**
Von unserer Autorin für Sie entdeckt

★ **MARCO POLO HIGHLIGHTS:**
Alles, was Sie in Südschweden kennen sollten

HIER HABEN SIE EINE SCHÖNE AUSSICHT

WO SIE JUNGE LEUTE TREFFEN

PREISKATEGORIEN

Hotels

€€€	über 140 Euro
€€	80–140 Euro
€	unter 80 Euro

Die Preise gelten für zwei Personen pro Nacht im Doppelzimmer mit Frühstück.

Restaurants

€€€	über 25 Euro
€€	15–25 Euro
€	unter 15 Euro

Die Preise gelten für ein für das jeweilige Restaurant typisches Hauptgericht.

KARTEN

[116 A1] Seitenzahlen und Koordinaten für den Reiseatlas Südschweden

[U A1] Koordinaten für die Karte Stockholm im hinteren Umschlag

[O] außerhalb des Kartenausschnitts

Karten zu Göteborg und Malmö finden Sie auf den Seiten 122 und 123.

Zu Ihrer Orientierung sind auch die Orte mit Koordinaten versehen, die nicht im Reiseatlas eingetragen sind.

GUT ZU WISSEN

Südschwedische Spezialitäten **20** · Lesetipps **33** · Bo på Lantgård **45**
Falu Rödfärg **48** · Besonderer Erfindergeist **57** · Allemansrätt **83**

INHALT

Die wichtigsten MARCO POLO Highlights

Sehenswürdigkeiten, Orte und Erlebnisse, die Sie nicht verpassen sollten

1 **Midsommar**
Mit Blumen, Tanz und Schnaps feiern die Schweden den längsten Tag des Jahres (Seite 25)

2 **Mörrumsån**
Lachsreicher Fluss in Blekinge mit Prachtexemplaren, die Sie selbst angeln können (Seite 29)

3 **Glimmingehus**
Die gewaltige Verteidigungsanlage aus dem Mittelalter ist Schwedens am besten erhaltene Burg (Seite 34)

4 **Österlen**
Liebliche Landschaft mit gelben Rapsfeldern und grünen Hügeln vor tiefblauem Meer um den schönen Fischerort Simrishamn (Seite 36)

5 **Ystad**
In diesem mittelalterlichen Städtchen löst Kommissar Wallander seine Fälle (Seite 37)

6 **Tjörn und Orust**
Schärenidyll mit bunten Holzhäusern, kreischenden Möwen und blank gespülten Felsen nördlich von Göteborg (Seite 46)

Gamla Stan

Elch

Mittsommer

7 Mellbystrand
Fein und flach: 12 km langer Sandstrand an Schwedens Westküste (Seite 48)

8 Glaskogen
Wildromantisches Naturreservat mit unendlichen Wäldern und kristallklaren Seen im Westen Värmlands (Seite 59)

9 Elchsafari
Am Hunneberg sind die Chancen groß, dem König der schwedischen Wälder zu begegnen (Seite 62)

10 Öland
Familienfreundliche Bade- und Sonneninsel in der Ostsee (Seite 68)

11 Glasriket
In Smålands Wäldern liegt das Glasreich mit Schwedens traditionsreichen Glashütten (Seite 72)

12 Gamla Stan
Enge Gassen, alte Kirchen, terrakottafarbene Giebelhäuser im Herzen Stockholms (Seite 76)

13 Vasa
333 Jahre lag das königliche Kriegsschiff auf dem Meeresboden vor Stockholm. Seit 1990 ist es zu besichtigen (Seite 79)

14 Stockholms Schären
Sommer, Sonne, Felsenklippen vor den Toren der Hauptstadt (Seite 86)

15 Astrid Lindgrens Värld
Pippi, Michel und Ronja wären begeistert von diesem Vergnügungspark im småländischen Vimmerby (Seite 100)

★ Die Highlights sind in der Karte auf dem hinteren Umschlag eingetragen

Entdecken Sie Südschweden!

Interessante Städte und Natur pur in Wäldern, an Seen und am Meer

Ich wohne in dem schönsten Land der Welt ... Hier gibt es alles, vom Lichten und Lächelnden bis zum Dunklen und Ernsten, oft auf die bezauberndste Weise gemischt«, sagte die Kinderbuchautorin Astrid Lindgren. Das schönste Land der Welt: kristallklares Wasser, tiefe Wälder, unberührte Wildnis und weit und breit kein Mensch – kein Wunder, dass die Schweden ihr Land so lieben, vor allem im Sommer. Und damit sind sie nicht allein. Viele Touristen teilen ihre Begeisterung. Sie suchen keinen Trubel, sondern kommen, um Ruhe und Einsamkeit zu genießen und die einzigartige Natur, um im Ruderboot zu sitzen und die Angel ins Wasser zu halten und in den klaren Seen zu baden, die sich im Juli und August angenehm erwärmt haben, Rad zu fahren, oder zu paddeln.

Die meisten reisen mit dem eigenen Auto und kommen in einem der großen Fährhäfen im Süden des Landes an. Kaum haben sie diese verlassen, fällt ihnen auf: Schweden ist anders. Auf den gut ausgebauten Straßen wird langsam gefahren. Dichtes Auffahren und die Lichthupe sind hier nicht angesagt. Man kann gelassen die Landschaft an sich vorbeiziehen lassen.

Typisch sind solche Häuser und Zäune aus Baumstämmen

Anmutig und romantisch: Seerosen

Auch sie bietet ein überraschendes Bild. Im Landesinnern wirkt das Land unendlich weit: riesige Felder, tiefe Wälder und immer wieder Seen – unbebaute Flächen, wohin man schaut, nur hier und da ein roter Bauernhof. Und ab und zu auch mal ein Elch – wenn man Glück hat. Nur 9 Mio. Schweden verteilen sich auf der enormen Fläche von 450 000 km². 85 Prozent der Bevölkerung leben im Süden des Landes, vor allem in den drei größten Städten, Stockholm (mit Vororten 1,8 Mio. Ew.), Göteborg (rund 475 000 Ew.) und Malmö (ca. 265 000 Ew.).

Skåne im äußersten Süden mit dem Wirtschaftszentrum Malmö ist die Kornkammer Schwedens und

Geschichtstabelle

Um 12000 v. Chr. Ende der Eiszeit in Südschweden

8000 v. Chr.–1800 v. Chr. Erste Besiedelungen

500 n. Chr. Stammeskämpfe. Die Svear beherrschen das Gebiet um den Mälarsee und geben dem Land seinen Namen (Svea rike – Sverige, d. h. Reich der Svear)

8.–11. Jh. Wikingerzeit. Birka im Mälarsee wird wichtigstes Handelszentrum

9.–12. Jh. Christianisierung

1252 Gründung der Stadt Stockholm

1300–1600 Hansezeit: Visby auf Gotland wird Zentrum des Ostseehandels

1397–1521 Kalmarer Union: Vereinigung der Reiche Dänemark, Norwegen und Schweden

1523–1560 Nach einem Aufstand gegen die dänische Vorherrschaft wird Gustav Wasa König von Schweden. Enteignung der Kirche, Einführung von Reformation und Erbmonarchie

1600–1700 Schweden wird unter Gustav II. Adolf zur Großmacht. 1630 greift er in den Dreißigjährigen Krieg ein. Neue Gebiete sichern den schwedischen Einfluss im Ostseeraum

1700–1721 Großer Nordischer Krieg. Schweden muss die Ostseeprovinzen abtreten und verliert seine Vormachtstellung

1772–1792 Politische Entmachtung des Adels durch Gustav III.

1810 Der französische Marschall Jean-Baptiste Bernadotte wird vom Reichstag zum König gewählt

1813–1814 Nach dem Sieg über Napoleon erhält Schweden Norwegen (bis 1905)

1932 Erste sozialdemokratische Regierung. Aufbau des Wohlfahrtsstaats

1974 Neue Verfassung. Der König hat nur noch repräsentative Aufgaben

1976 König Carl XVI. Gustaf heiratet Silvia Sommerlath. Nach über 40 Jahren verlieren die Sozialdemokraten die Macht

1986 Olof Palme wird ermordet

1995 Beitritt Schwedens zur EU

2002 Wiederwahl des Sozialdemokraten Göran Persson zum Ministerpräsidenten

2003 Tödliches Attentat auf die Außenministerin Anna Lindh. Volksabstimmung zur Währungsunion: 56 Prozent der Schweden entscheiden sich gegen den Euro

bekannt für gutes Essen. Mit weiten Feldern, gemütlichen Fachwerkhäusern und weiß getünchten Giebelkirchen ähnelt es dem Nachbarn Dänemark. Kein Wunder, denn 500 Jahre lang war die Region dänisch. Weiter nach Osten gelangt man über die idyllischen Fachwerkstädte Ystad und Simrishamn nach Österlen, einer lieblichen Landschaft, die im Sommer in allen Farben leuchtet. Das Grün der Hügel, das Gelb der Rapsfelder und das Blau der Ostsee strahlen dann um die Wette.

Lange Sandstrände, Schäreninseln und mittelalterliche Städtchen wie Åhus oder Sölvesborg sind typisch für Blekinge, die kleine Region mit großem Schärengarten, die sich im Nordosten an Skåne anschließt – ein Paradies zum Baden und Segeln. Und zum Angeln, denn der Mörrumsån ist einer der lachsreichsten Flüsse des Landes.

» Der Natur ist der Wohlstand zu verdanken «

Rau und kontrastreich präsentiert sich dagegen die Westküste. Weite Sandstrände, endlose Dünen und traditionsreiche Badeorte finden Sie in Halland. Felsige, zerklüftete Schären mit malerischen Fischerdörfern wie Marstrand oder Fiskebäckskil dagegen in Bohuslän, der angeblich »salzigsten Ecke Schwedens«. Beide Regionen trennt Göteborg, Schwedens Tor zur Welt, der größte Hafen Skandinaviens mit vielen Sehenswürdigkeiten und Geschäften und einem pulsierenden Nachtleben.

In Südschweden liegen auch die drei größten Seen des Landes: der Vänern (5648 km^2), Vättern (1912 km^2) und Mälarsee (1140 km^2). Unberührte Wildnis erleben Sie in Dalsland und Värmland, die an den Vänernsee grenzen. Phantastische Wanderstrecken, glasklare Seen und fischreiche Flüsse, auf denen man Kanu- und Floßtouren unter-

Blick von Skeppsholmsbron auf das Stockholmer Schloss auf Gamla Stan

nehmen kann, machen diese Gebiete zu einem attraktiven Ziel für Aktivurlauber.

Reiche Kulturschätze, Kirchen und Klöster bieten die Regionen Väster- und Östergötland am Vättern. Vänern und Vättern sind durch den Göta-Kanal verbunden. Der einstige Handels- und Transportweg zwischen Göteborg und Stockholm lockt heute zahlreiche Touristen an.

Småland, im Herzen Südschwedens, ist die wohl bekannteste Region des Landes, dank der Bücher von Astrid Lindgren, die hier aufwuchs. Mit seinen tiefblauen Seen, dunklen Wäldern und darin versteckten roten Holzhäusern ist es das Bullerbü-Idyll schlechthin, das sich hervorragend für einen Urlaub in einem Ferienhaus eignet. Hier kann man auf Lindgrens Spuren wandeln, das Glasreich mit seinen berühmten Glashütten besuchen, angeln, Rad oder Kanu fahren.

Segel- und Badefans zieht es dagegen an die wild zerklüftete Ostküste. Die Schären bei Gryt oder St. Anna sind ein ausgezeichnetes Segelrevier. Auch Öland, die flache Sonneninsel in der Ostsee, ist mit ihren feinen Sandstränden ein Badeparadies, das sich außerdem prima mit dem Rad entdecken lässt.

Rund um den Mälaren, vor den Toren der Hauptstadt Stockholm, liegen die alten Kulturlandschaften Södermanland und Uppland mit stattlichen Herrenhöfen und imposanten Schlössern. Das wohl bekannteste ist Schloss Drottningholm, Residenz der schwedischen Königsfamilie.

Stockholm, die strahlende Hauptstadt auf dem Wasser, vereint schließlich Natur und Kultur auf ganz besondere Weise. Mit Regierungssitz und Königsschloss, einer schönen Altstadt, zahlreichen Museen, Geschäften und Restaurants ist es umgeben von einem riesigen Schärengarten mit rund 30 000 Inseln. Sauberes Wasser, viel Grün, schreiende Möwen und weiße Schärenboote geben der Stadt ein einzigartiges Flair.

» Stockholm vereint Natur und Kultur «

Auch die Schweden machen im Sommer gern Urlaub im eigenen Land, und zwar in ihrem Sommerhaus, der *stuga*. Fischen, baden, Beeren pflücken sind jetzt angesagt, Hauptsache man ist draußen an der frischen Luft. Die Schweden sind nicht nur sehr naturverbunden, sie haben auch ein starkes Bewusstsein für den Schutz der Natur. Jeder weiß: Für frische Luft, sauberes Wasser und gesunde Bäume muss man etwas tun.

Die Schweden vergessen nicht, dass sie der Natur ihren Wohlstand verdanken. Wasserkraft aus den reißenden Flüssen des Nordens, Holz und Bodenschätze wie Silber, Eisenerz und Kupfer haben Schweden reich gemacht. Dabei war es noch vor gut 100 Jahren ein armes Bauernland mit großen Hungersnöten, das im 19. Jh. mehr als 1 Mio. Schweden verließen. Ihr bevorzugtes Ziel war Amerika.

Mitte des 19. Jhs. begann die Industrialisierung. Durch den Ausbau des Eisenbahn- und Kanalnetzes konnten die riesigen Naturressourcen im Norden des Landes genutzt werden – für die eigene Bevölkerung und als Exportartikel. Fabriken und Sägewerke entstanden, die Nachfrage auf dem Kontinent nach

Das berühmte Schloss Gripsholm in Mariefred

schwedischem Holz, Eisenerz und Industrieprodukten war groß, Kapital floss ins Land.

Heute gehört Schweden zu den führenden Industrienationen Europas. Seit 1814 hat es hier keinen Krieg mehr gegeben. Dank vieler sozialer und politischer Errungenschaften hat das Land einen der höchsten Lebensstandards der Welt. Der Wohlfahrtsstaat, der sich solidarisch von der Wiege bis zur Bahre um die Bürger kümmert, machte Schweden berühmt. Die hohen Steuern allerdings auch. Für die sozialen Leistungen wurden die Bürger kräftig zur Kasse gebeten. Alles hat schließlich seinen Preis. Inzwischen kriselt es aber auch im Wohlfahrtsstaat.

» Trinklieder gehören zum Feiern dazu «

Und wie sind sie nun, die typischen Schweden? Ausländische Besucher haben oft den Eindruck, sie seien kontaktscheu und introvertiert. Tatsächlich sind sie ruhig und sprechen leiser als andere Europäer, aber kühl und langweilig sind sie keineswegs. Wenn Sie die Schweden beim Feiern erleben, werden Sie staunen: Schweden lieben das Zusammensein und pflegen ihre Traditionen. Sie genießen ausgelassen ihre Feste, im Winter wie im Sommer. Dann taut selbst der schweigsamste Schwede auf. Natürlich darf dann auch der Alkohol nicht fehlen. Der lockert bekanntlich die Zunge, doch nicht nur deshalb singen die Schweden ausgiebig, wenn sie feiern. Trinklieder gehören in Schweden zum Feiern einfach dazu. Auch die Nationalhymne kommt meist irgendwann an die Reihe. Die Schweden sind eben stolz auf ihr Land mit der blau-gelben Fahne. Es ist schließlich das schönste Land der Welt. Das können auch Sie entdecken!

Von Alkohol bis Wohlfahrtsstaat

Schwedenhappen aus Gesellschaft, Kultur, Natur und Politik

Alkohol

Skål! Ein wichtiges schwedisches Wort, denn es heißt »Prost«. Das Bild vom alkoholisierten Schweden kursiert häufig in den Köpfen ausländischer Besucher, und es ist auch etwas dran. Trinken hat in Schweden eine lange Tradition. Ob das an den langen, kalten Wintern oder der großen Freude über die hellen Sommernächte liegt, weiß man nicht. Die heutige restriktive Alkoholpolitik wurde 1977 beschlossen. Die Gesundheit steht dabei im Mittelpunkt. Wenn das Individuum schon nicht selbst dafür sorgen kann, muss eben der Staat eingreifen. Außerdem: Alkoholkranke kosten jährlich Unsummen. Hohe Steuern sollen den Leuten deshalb das Trinken verleiden. Der Zugang zu Alkohol wurde erschwert, indem man staatliche Alkoholläden *(systembolaget)* einrichtete. Nur dort kann man Getränke mit einem Alkoholgehalt über 3,5 Prozent kaufen. Die Folge: Die Schweden trinken trotzdem – durchschnittlich 9 l reinen Alkohol pro Person im Jahr. Zum Vergleich: In Deutschland liegt der Pro-Kopf-Verbrauch bei über 10 l. Trotzdem hat man einen anderen Eindruck; das liegt am Trinkverhalten. Schweden trinken Alkohol meist nur am Wochenende – aber dann ordentlich! Die sonst so zurückhaltenden Skandinavier langen kräftig zu. Nicht genießen, sondern sich betrinken, scheint das Ziel zu sein.

Durch Schwedens EU-Beitritt 1995 wurde die strikte Alkoholpolitik aufgeweicht, denn das Land muss sich langsam EU-Standards anpassen. Seit 2004 gelten dieselben Einfuhrbestimmungen wie für den Rest Europas. Wie die Schweden es zukünftig mit dem Trinken halten, bleibt abzuwarten.

Der Elch – für die Deutschen das Schwedensymbol schlechthin

Elche

Der Deutschen liebstes Tier ist der Elch – jedenfalls der deutschen Touristen, die sich auf alles stürzen, was nach Elch aussieht. Das stößt bei den Schweden oft auf Unverständnis. Kein Schwede würde sich etwa ein Elchwarnschild in den Garten stellen. Die Deutschen schon. Viele Elchschilder sind deshalb von schwedischen Straßen verschwunden. Dem dreisten Diebstahl, der den Staat bereits viel Geld gekostet hat, versucht man nun entgegenzuwirken. Seit einiger Zeit gibt es die Elchschilder auch zu kaufen. Doch nicht nur das. Eine regelrechte Elchindustrie ist entstanden – von peinlichen Elchmützen bis zu geschmackvollen Elchledergürteln.

Etwa 300 000 Elche gibt es in Schweden, und sie vermehren sich rasant. Das liegt vor allem an der modernen Forstwirtschaft. Durch gewaltige Kahlschläge entstehen neue Aufforstungsflächen, deren knackig-frisches Laub den Elchen beste Nahrung bietet.

Schwere Elchunfälle fordern immer wieder Verkehrsopfer. Deshalb sind viele Straßen und Autobahnen in Schweden durch Wildzäune gesichert. Wegen der Verkehrsunfälle und großer Schäden für Land- und Forstwirtschaft wird jedes Jahr rund ein Drittel der Elche zum Abschuss freigegeben. Ab Mitte Oktober ist Elchjagd in Südschweden. Die Jagd ist an strenge Quoten gebunden, der Bestand nicht gefährdet.

Elche sind scheue Tiere mit sehr gutem Gehör und stark ausgeprägtem Geruchssinn. Ein ausgewachsener Bulle wiegt rund 500 kg. Er ist nicht gefährlich, nur Kühe mit Kälbern werden aggressiv und greifen an, wenn sie Gefahr wittern. Mit ihren Hufen können sie blitzschnell und sehr wirksam Tritte austeilen.

Erfinder

Schweden hat viele Erfinder hervorgebracht. Ihre Arbeiten gelten als Basis für Schwedens Aufstieg zur Industrienation. Hier ein paar Namen von der langen Liste: Anders Celsius (Thermometer), Carl von Linné (Klassifikation von Pflanzen, Tieren und Mineralien), Lars Magnus Ericsson (Telefon), Johan Petter Johansson (verstellbarer Schraubenschlüssel), Gustaf Pasch (Sicherheitszündhölzer), Alfred Nobel (Dynamit), Sven Wingquist (Kugellager), Gideon Sundbäck (Reissverschluss), Ruben Rausing (Tetra Pak), Rune Elmqvist (Herzschrittmacher), Nils Bohlin (Drei-Punkt-Sicherheitsgurt). Auch heute werden kreative Köpfe kräftig unterstützt – u. a. von der Erfinderschule *Idéum* bei Lund und dem Schwedischen Erfinderverein.

Ikea

Ingvar Kamprad vom Gut Elmtaryd in der Gemeinde Agunnaryd ist ein schwedischer Selfmademan aus dem Herzen Südschwedens. Schon früh begann Kamprad Geschäfte zu machen. Erst mit Streichhölzern, dann mit Weihnachtskarten. 1943 ließ er Ikea als Firma eintragen, da war er 17 Jahre alt. 1948 annoncierte er zum ersten Mal Möbel von lokalen Möbelgeschäften – als Zwischenhändler. Die Resonanz war groß, Kamprad baute seinen Handel aus. 1958 eröffnete das erste Ikea-Möbelhaus im småländischen Älmhult.

Kamprads Geschäftsidee ist simpel: Der Kunde muss mit anfassen. Nur so lassen sich Kosten sparen. Und Kamprad sparte, wo es nur ging. Ein typischer Småländer eben, denen Sparsamkeit bis zum Geiz nachgesagt wird. Heute ist Ikea mit 175 Warenhäusern in 31 Ländern vertreten und beschäftigt 70 000 Mitarbeiter weltweit. Die Sparsamkeit hat sich gelohnt!

Königliche Familie

Die schwedischen Royals erfreuen sich bei den Schweden größter Beliebtheit. Vor allem bei der Yellow

Das Theater im königlichen Schloss Drottningholm

Press, die ihr Schicksal besonders genau verfolgt. Die königliche Familie Bernadotte lebt außerhalb von Stockholm im Schloss Drottningholm – mitten im Grünen. Sie gibt sich sehr volksnah, und die jüngeren Mitglieder sind gern gesehene Gäste in angesagten Stockholmer Diskotheken.

Die Bernadottes repräsentieren Schweden im Ausland, und das machen sie gut. Jedenfalls finden das ihre Anhänger. Natürlich melden sich ab und zu auch kritische Stimmen: Das Königshaus koste zu viel, sei unmodern und undemokratisch.

Lange galt in Schweden die männliche Thronfolge. Sie wurde 1977 nach der Geburt von Kronprinzessin Victoria abgeschafft.

Astrid Lindgren

Die beliebteste Kinderbuchautorin der Welt hat die besondere Stimmung ihrer Bullerbü-Geschichten mit ihrer glücklichen Kindheit erklärt. So wie in diesen Büchern soll sie gewesen sein: Eine Kindheit voller Freiheit, Liebe und Geborgenheit. In einem landschaftlichen Idyll, in der die Kinder auf Bäume klettern, Erdbeeren auf Grashalme ziehen und auf dem Heuboden schlafen durften.

Doch Astrid Lindgren war nicht nur Schriftstellerin, sie hat sich auch immer für die Schwachen in der Gesellschaft engagiert, für Kinder, aber auch für Tiere. Sie hat für Frieden und Toleranz gekämpft, politische Debatten zu Steuergesetzen und zum Tierschutz initiiert. 1994 wurde Astrid Lindgren mit dem Alternativen Nobelpreis ausgezeichnet. Den Nobelpreis für Literatur hat sie dagegen nie bekommen, obwohl Millionen Leser ihre Bücher verschlungen haben.

Am 28. Januar 2002 ist Astrid Lindgren im Alter von 94 Jahren in Stockholm gestorben. Ihre Wohnung in der Dalagatan soll nun Museum werden.

Mücken

Es gibt sie, auch in Südschweden. Dort sind sie allerdings nicht häufiger als in Norddeutschland. Fest

Wo Seen sind, gibt es auch Mücken, aber zur Plage werden sie selten

steht: Je weiter man nach Norden kommt und je tiefer man ins Landesinnere vordringt, desto mehr werden es. Vor allem an Flüssen, Seen und Mooren sind die blutsaugenden Insekten anzutreffen. Mückenmittel gibt es viele, aber sie helfen nicht alle. Die Schweden schwören auf teerhaltige Flüssigkeiten wie *djungelolja* oder *beckolja,* die allerdings furchtbar stinken. Etwas erträglicher im Geruch, aber dafür voller Chemie sind *MyggA* oder Mittel der Serie *US-622.* Sie sind in Apotheken und Supermärkten erhältlich und wirken ganz gut. Fliegenklatsche und Antijucksalbe sind ebenfalls zu empfehlen. Ziehen Sie möglichst weite Kleidung an, denn durch enge Jeans stechen die Mücken durch.

Musikexport

Ob Abba, Roxette, Cardigans, Ace of Base, Rednex oder Dr. Alban: Schwedische Popmusik ist ein erfolgreicher Exportartikel. 2001 führte Schwedens große Musikindustrie Tonträger im Wert von 4,8 Milliarden SEK aus und ist damit hinter den USA und England die drittgrößte Musikexportnation der Welt. Ins Ausland verkauft wurden auch CD-Rohlinge und Ausrüstung zur Herstellung von Tonträgern. Und natürlich Dienstleistungen: Madonna oder Britney Spears haben zum Beispiel mit schwedischen Studios gearbeitet und Videos produzieren lassen.

Das Geheimnis des Erfolgs in diesem Bereich mag u. a. in der Tradition liegen. Die Schweden musizieren viel, in den kommunalen Musikschulen bekommen Kinder kostenlos Unterricht. Erleichterter Zugang und frühe intensive Förderung scheinen sich auszuzahlen.

Steuern

Die guten Sozialleistungen des schwedischen Wohlfahrtsstaats kosten nach wie vor viel und werden durch hohe Steuern finanziert. Mit einer Steuerbelastung von über 50 Prozent nimmt Schweden im internationalen Vergleich einen Spitzenplatz ein. Das macht sich auch im Alltag bemerkbar. Zum Beispiel beim Alkohol. Eine Flasche Absolut Wodka wird mit 81 Prozent besteuert, von den rund 23 Euro pro Flasche sind etwa 19 Euro Steuern. Auch die Mehrwertsteuer ist höher als in Deutschland. Sie beträgt 25 Prozent. Davon ausgenommen sind zum Beispiel Lebensmittel (12 Prozent), Bücher oder Zeitschriften (6 Prozent).

Wohlfahrtsstaat

Volkhem (Volksheim), Schwedisches Modell oder dritter Weg zwischen Kapitalismus und Sozialismus: Unter diesen Begriffen wurde der schwedische Wohlfahrtsstaat bekannt. Sozialdemokraten und Gewerkschaften hatten sich die Bildung einer klassenlosen Gesellschaft, einer Solidargemeinschaft auf die roten Fahnen geschrieben. Arbeit für alle, gerechte Verteilung und hoher Lebensstandard waren ihre Ziele. Mit dem ersten sozialdemokratischen Ministerpräsidenten Per Albin Hansson wurde ab 1932 der Aufbau des Wohlfahrtsstaats eingeleitet. Seine Blütezeit reichte von 1945 bis in die 70er-Jahre. Entscheidende Verbesserungen gab es bei Sozialleistungen, Altersfürsorge, Kinderbetreuung, in der Bildung, im Arbeitsleben, Wohnungsbau und Gesundheitswesen. Der Lebensstandard stieg, die Steuern auch. In den 70er-Jahren wurde das stetige Wirtschaftswachstum durch internationale Erdölkrisen gebremst. Die ersten Risse im *Volkhem* wurden sichtbar. Arbeitslosigkeit, hohe Inflation und Staatsverschuldung führten auch in Schweden Anfang der 90er-Jahre zu einer starken Rezession. Ein harter Sparkurs war die Folge.

Die Krise des Wohlfahrtsstaats ist nach wie vor ein Faktum, vor allem im Gesundheitssystem. Lange Wartezeiten für Operationen etwa sorgen für Unzufriedenheit in der Bevölkerung. Dennoch: Schweden kann immer noch ein gutes Leistungssystem vorweisen und fortschrittliche Sozialgesetze, die etwa Behinderten das Recht auf eine kostenlose persönliche Betreuung garantieren.

Auch politisch hat Schweden gepunktet: Neutralität, hohe Zahlungen für Entwicklungshilfe in der Dritten Welt, Vermittlung in internationalen Krisensituationen.

Die Marco Polo Bitte

WWF

Marco Polo war der erste Weltreisende. Er reiste in friedlicher Absicht, verband Ost und West. Er wollte die Welt entdecken, fremde Kulturen kennen lernen, nicht zerstören. Könnte er heute für uns Reisende nicht Vorbild sein? Aufgeschlossen und friedlich sollte unsere Haltung auf Reisen sein. Dazu gehören auch Respekt vor Mensch und Tier und die Bewahrung der Umwelt.

Hering, Lachs und Knäckebrot

Herzhafte Genüsse aus dem Meer, den dichten Wäldern, von Feldern und Wiesen

Einfach und deftig: Dass Schweden lange Zeit ein armes Bauernland war, in dem es nicht um besondere Gaumengenüsse ging, sondern darum, satt zu werden, erkennt man immer noch an der Küche. Kartoffeln, Fleisch und Fisch, besonders Hering und Lachs in allen Variationen, gehören traditionell zur schwedischen Hausmannskost.

Die Zeiten haben sich bekanntlich geändert, und inzwischen haben viele Köche Schweden kulinarisch durchaus interessant gemacht und mit moderner schwedischer Küche internationale Wettbewerbe gewonnen. Die Gerichte wurden dem allgemeinen Trend angepasst, sind leichter und exklusiver geworden. Allerdings haben sie auch ihren Preis.

Berühmt in aller Welt ist nach wie vor das schwedische *smörgåsbord,* das seinen Namen einem simplen, belegten Brot verdankt, dem *smörgås.* Doch es ist viel abwechslungsreicher und wohlschmeckender, als man vermuten könnte. Das *smörgåsbord* ist ein üppiges Buffet voller kalter und warmer Köstlichkeiten: Hering in allen Variationen, marinierter, geräucherter oder gekochter Lachs, Krabben *(räkor),* Schinken, Sülze, Pasteten, verschiedene warme Fleisch- und Fischgerichte. Und natürlich Käse und Desserts wie Obstsalat, Pudding, Kompott oder frische Früchte. Wer dann immer noch nicht satt ist, auf den wartet anschließend eine große Auswahl an Kuchen und Gebäck.

Ob frisch, geräuchert oder mariniert – Lachs gehört dazu

Brot wird in Schweden oft als Beilage zu einem warmen Gericht gegessen. Für den deutschen Geschmack ist es meist zu süß, denn es wird mit Sirup gebacken und ist oft mit Anis oder Kardamom gewürzt. Es gibt aber auch ungesüßtes dunkles Brot und natürlich Knäckebrot (von *knäcka,* d. h. brechen), ein Produkt traditioneller Konservierungsmethoden. Beim Backen wird dem Brot die Feuchtigkeit entzogen. Dadurch wird es knusprig und hart und lässt sich lange aufbewahren. Das wussten schon die alten Wikinger.

Traditionen und Bräuche sind in Schweden tief verwurzelt, auch wenn es ums Essen geht. Das kulinarische Jahr hat viele Höhepunkte, die ausgiebig begangen werden. Mittsommer im Juni zum Beispiel,

Südschwedische Spezialitäten

Lassen Sie sich diese Köstlichkeiten gut schmecken!

älg – Elch. Als *älggryta*, Elchgulasch, oder *älgsteak*

filmjölk – Sauermilchprodukt

gravad lax – in Zucker, Salz und Dill gebeizter Lachs. Wird mit Honig-Senf-Soße serviert

gul ärtsoppa med fläsk – gelbe Erbsensuppe mit Speck. Traditionelles Donnerstagsessen

Janssons frestelse – Klassiker. Kartoffelauflauf mit Anchovis, Zwiebeln und Sahne

kanelbullar – Hefegebäck mit Zimt

köttbullar – kleine gebratene Fleischbällchen. Es gibt sie mit *gräddsås*, Sahnesoße, und *lingon*, Preiselbeeren. Dazu isst man *potatismos*, Kartoffelpüree, und klein gehackte, süß-saure Gurken, *bostongurka*

kräftor – Flusskrebse. Werden mit viel Dill gekocht und mit Toast und Butter gegessen

löjrom – roter Maränenkaviar, den man mit klein gehackten roten Zwiebeln und *gräddfil* (Schmand) auf Toast isst

pannkakor med sylt och grädde – Pfannkuchen mit Marmelade und Sahne. Der obligatorische Nachtisch nach Erbsensuppe

princesstårta – mit Marmelade und Vanillecreme gefüllte Sahnetorte mit giftgrüner Marzipanhaube

pytt i panna – klassisches Gericht aus gewürfelten Kartoffeln, Wurst- und Fleischstückchen mit einem Spiegelei obendrauf. Dazu isst man Rote Bete

räkor – Krabben. Es gibt sie *färsk*, frisch, *fryst*, gefroren, oder *rökt*, geräuchert

semla – traditionelles Fastenzeitgebäck aus Hefeteig, gefüllt mit Marzipan und Schlagsahne

sill – Hering. Viele Variationen: als *senapsill*, eingelegt in süßsaure Senfsoße, *glasmästarsill*, mit Zwiebeln und Lorbeerblatt, geräuchert oder gebraten

skagenröra – Füllung mit Krabben, Dill, Zwiebeln und Mayonnaise. Gibt es z. B. zu Folienkartoffeln

spettekaka – Baumkuchen aus Eiern und Zucker, der auf einem rotierenden Spieß über dem offenen Feuer gebacken wird

västkustsallad – Westküstensalat auf Mayonnaisenbasis mit Krabben, Muscheln, Champignons, grünem Salat und Tomaten

der Schweden höchster Feiertag. Dann kommen eingelegte Heringe und neue Kartoffeln mit viel Dill auf den Tisch und die ersten frischen Erdbeeren mit Schlagsahne. Oder der Beginn der Krebssaison im August. Dann isst man die knallroten, in viel Dill gekochten Flusskrebse. Im Herbst, wenn ganz Schweden auf die Jagd geht, füllen sich die Gefriertruhen wieder mit Wild. Hase, Reh, Hirsch und Elch kommen dann häufig auf den Teller. Vor allem Elch ist eine Delikatesse, die Sie unbedingt probieren sollten.

In Skåne begrüßt man den dunklen Herbst mit dem traditionellen Aalfest, *ålagille.* Dann gibt es Aal, der auf verschiedenste Weise zubereitet wird: gepökelt, in feuchtem Stroh geräuchert, gekocht, gebraten oder in Aspik. Eine weitere Tradition in Skåne ist das Martinsgansessen am 10. November. Dazu wird Rotkohl aufgetischt, den man mit Pflaumen und Äpfeln kocht.

Zu *lucia,* am 13. Dezember, trinken die Schweden den ersten *glögg,* einen mit Zimt und Nelken gewürzten, süßen Glühwein, und essen *lussekatter,* ein Hefegebäck mit Safran. Das *julbord* zu Weihnachten ist ein ähnlich üppiges Buffet wie das *smörgåsbord.* Es wird durch einige obligatorische Gerichte ergänzt, die es nur zu Weihnachten gibt, zum Beispiel dem Weihnachtsschinken *(julskinka).*

Die Schweden essen relativ früh zu Mittag *(lunch),* nämlich schon ab 11.30 Uhr. In vielen Restaurants bekommt man dann ein *dagens rätt* (Tagesgericht), das aus einem warmen Hauptgericht, Salat, Brot, einem alkoholfreien Getränk und Kaffee besteht – ein günstiges Angebot bei den sonst ziemlich hohen Restaurantpreisen. Auch das Abendessen, das irreführenderweise *middag* heißt, gibt es früher als in anderen Ländern, bereits zwischen 17 und 18 Uhr.

Zu Hause trinken die Schweden dazu alltags gern Limonade *(läsk),* Milch *(mjölk)* oder Bier *(öl)* mit wenig Alkohol, das man im Supermarkt kaufen kann. Bier gibt es in verschiedenen Stärken: als *lättöl* (mit maximal 2,5 Prozent Alkohol), *folköl* (2,8 bis 3,5 Prozent), *mellanöl* (4,5 Prozent) und *stark öl* (ab 4,5 Prozent).

In den großen Städten geht man auch in der Woche abends essen. Die Restaurants sind oft überfüllt, sodass Sie auf jeden Fall einen Tisch reservieren sollten. Der Platz wird einem üblicherweise vom *hovmästare,* dem Oberkellner, zugewiesen.

Rauchen ist oft ganz verboten, in manchen Restaurants gibt es ausgewiesene Zonen für Raucher *(rökare)* und Nichtraucher *(icke rökare).*

Starker Kaffee wird in Schweden sehr viel getrunken, auch noch spät abends. In vielen Cafés bezahlt man einmal für eine Tasse und darf sich dann so oft man will nachholen *(påtår).*

Wasser ohne Kohlensäure aus dem Hahn gibt es in Restaurants gratis. Es ist von ausgezeichneter Qualität, und Sie können es ohne Bedenken trinken. Wer aufs Essengehen angewiesen ist und die hohen Preise scheut, sollte die etwas günstigeren Pizzerien oder asiatischen Restaurants ausprobieren. Billigere Imbissbuden und Fastfoodketten gibt es natürlich auch, doch die sind keine kulinarische Alternative.

Glas, Holz und Leinen

Schwedisches Design hat Tradition, und auch kulinarische Spezialitäten eignen sich als Mitbringsel

Das Angebot an Souvenirs ist riesig: Kunsthandwerk, Körbe, Steingut oder das weltberühmte *Dalapferd,* ein aus Holz geschnitztes Pferd aus dem mittelschwedischen Dalarna, aber auch modernes Design, für das Schweden international bekannt ist. Besonders schön ist mundgeblasenes Glas berühmter Glashütten wie Kosta, Boda oder Orrefors in Småland.

Typisch schwedisches Design zeichnet sich durch Schlichtheit und klare Formen aus. Glas, Keramik, Leinenwaren wie Tischdecken oder Platzdeckchen, aber auch Weihnachtsbaumschmuck aus Spanholz sind prima Mitbringsel. Genauso wie CDs mit schwedischer Popmusik, zum Beispiel von Kent, The Ark oder Uno Svenningsson, oder mit schwedischer Klassik, etwa mit Werken von Hugo Alfvén oder Franz Berwald.

Wer wirklich nicht vom Elch lassen kann, findet zahlreiche Souvenirs rund um den König der schwedischen Wälder. Von kitschig bis geschmackvoll. Vielleicht entscheiden Sie sich für Elchschinken.

Kulinarische Spezialitäten sind immer ein gutes Geschenk. Zum Beispiel *hjortronsylt,* eine Marmelade aus den süß-säuerlichen, gelben Moltebeeren, die in den Mooren des Nordens wachsen. Oder *hovmästarsås,* die typische Honig-Senf-Soße zum *gravad lax.*

Fährt man über Land, entdeckt man immer wieder Schilder mit den Aufschriften *Antik* oder *Loppis* (Flohmarkt). Wenn Sie Trödel mögen, sollten Sie unbedingt anhalten. Ebenfalls sehr beliebt sind Auktionen, vor allem im Sommer, wenn die Schweden selbst im Land unterwegs sind. Richtige Antiquitäten gibt es allerdings eher selten.

Beim Shoppen sollten Sie auf Sonderpreishinweise achten, wie *REA, Fynd* oder *Extrapris.* Viele Firmen haben einen Fabrikverkauf mit Produkten zweiter Wahl zu günstigen Preisen.

Die Öffnungszeiten sind in Schweden kundenfreundlich, besonders in den Großstädten: Lebensmittel bekommen Sie dort täglich von 8 bis mindestens 20 Uhr. Kleinere Geschäfte sind meist von 10 bis 18 Uhr, samstags und sonntags aber nur bis 16 Uhr geöffnet. Auf dem Land sind die Öffnungszeiten kürzer: 9 bis 18 Uhr, samstags bis 13 oder 14 Uhr, und sonntags sind die Läden oft geschlossen.

Blaue Vasen aus der Glashütte Kosta

Feste, Events und mehr

Die Natur und heidnische Bräuche bestimmen die schwedischen Feste

Licht und Wärme oder saisonale Köstlichkeiten wie Krebs, Hering oder Aal sind in Schweden Grund zum Feiern. Heidnische Tradition, Natur und Jahreszeiten haben für

Tanz beim Mittsommerfest

die wichtigsten schwedischen Feste eine größere Bedeutung als Religion und Kirche. Auch wenn die Schweden längst keine Heiden mehr sind: Die uralten Feste werden auch heute noch im ganzen Land ausgiebig gefeiert. Kirchliche Höhepunkte begehen die Schweden ähnlich wie wir. Der Grund: Deutsche Bräuche und Feiern haben das Land lange Zeit beeinflusst, etwa durch die Hansezeit.

Es gibt auch viele regionale Feste. Die feiert man in Schweden vor allem im Sommer: mit Märkten, mittelalterlichen Festspielen, Umzügen, Sportveranstaltungen, Stadtfesten, Tanz und Folklore. Auskünfte erteilen die lokalen Touristenbüros

Feiertage

1. Jan. *Nyårsdagen* (Neujahr); **6. Jan.** *Trettondagen* (Heilige Drei Könige); *Långfredag* (Karfreitag); *Påskdagen* (Ostersonntag); *Annandag påsk* (Ostermontag); **1. Mai** *Första Maj* (Tag der Arbeit); *Kristi himmelfärds dag* (Christi Himmelfahrt); *Pingst* (Pfingsten); **6. Juni** Nationalfeiertag; *Midsommardagen* (Mittsommertag); **1. Nov.** *Alla helgons dag* (Allerheiligen); **25. Dez.** *Juldagen* (Weihnachten); **26. Dez.** *Annandag jul* (zweiter Weihnachtstag);

Feste

Januar

Göteborg filmfestival: Größte Filmveranstaltung des Nordens mit internationalen Filmen. *www.filmfestival.org*

April

Valborgsmässoafton (Walpurgisnacht): Mit großen Feuern und traditionellen Studentenliedern wird am 30. April der Frühling begrüßt.

Juni

Stockholm Marathon: Marathonlauf durch Stockholm mit rund 15 000 Teilnehmern aus zahlreichen Nationen. *www.marathon.se/stockholm/start/*

Insider Tipp *Hultsfredfestival:* Schwedens größtes Rockfestival mit internationalen und schwedischen Rockgrößen im småländischen Hultsfred. *www.rockparty.se*

★ *Midsommar:* Das wichtigste Fest Schwedens an dem dem 21. Juni nächstgelegenen Wochenende hat seinen Ursprung in den Sonnenwendfeiern. Traditionell wird die mit Birkengrün geschmückte Mittsommerstange *(majstång)* aufgestellt. Mit Volksmusik, Tanz und viel Alkohol freut man sich im ganzen Land über den hellsten Tag des Jahres. Da wird kein Auge zugetan!

Juli

Insider Tipp *StockholmJazz Festival:* Internationale Spitzenmusiker spielen Ende Juli eine Woche lang auf der Insel Skeppsholmen in Stockholm. *www.stockholmjazz.com*

August

Mittelalterwoche in Visby in der 32. Woche: uralte Traditionen leben wieder auf. Gaukler, Märkte, Ritterspiele. Fast alle Besucher sind mittelalterlich gekleidet.

★ *Kräftskiva:* Der Saisonbeginn für gekochte Flusskrebse wird ab dem zweiten Donnerstag im August in ganz Schweden mit dem Krebsfest begangen.

September/Oktober

Ålagille: traditionelles Aalfest in Skåne, mit dem die »Aalfinsternis«, die beste Zeit fürs Aalfischen, gefeiert wird.

Dezember

Nobelpreisverleihung: in Stockholm am 10. Dez. durch König Carl XVI. Gustaf.

★ *Lucia:* Sie bringt Licht ins Winterdunkel. Vor langer Zeit hielt man den 13. Dezember für den kürzesten Tag des Jahres. Deshalb feiert man dann auch heute noch das Luciafest. Junge Mädchen mit langen, weißen Gewändern und einer Lichterkrone auf dem Kopf ziehen mit Gefolge singend durch Schulen und Altenheime, verteilen Pfefferkuchen und Glühwein.

Mittelalterfestspiele in Skokloster

BLEF DENNA BYGGNAD

Fachwerkstädtchen und Badestrände

Prächtige Schlösser, Fischräuchereien und tolle Segel- und Bademöglichkeiten: Hier finden Sie eine gelungene Kombination von Natur und Kultur

Wogende Getreidefelder, sattgrüne Wiesen, weiß gekalkte Giebelkirchen, mittelalterliche Burgen und imposante Schlösser prägen Skåne, die für schwedische Verhältnisse dicht besiedelte Kornkammer des Landes.

Landschaftlich ganz anders präsentiert sich Blekinge, der kleine Küstenabschnitt östlich von Skåne. Hier finden Sie eine wild zerklüftete Küste mit Schwedens südlichstem Schärengarten, lange Sandstrände, dichte Wälder, fruchtbares Acker- und Kulturland. Der Garten Schwedens ist besonders für seinen Erdbeeranbau bekannt.

Skåne und Blekinge bieten kulturhistorische Schätze und landschaftliche Highlights. Beide Regionen gehörten lange Zeit zu Dänemark. Auch heute noch spüren Sie deutlich den dänischen Einfluss, besonders in Skåne. Am breiten Dialekt, der offenen Lebensart und der üppigen, deftigen Küche. Skåne ist bekannt für sein gutes Essen. Besucher schätzen auch die kilometerlangen, kinderfreundlichen Sandstrände.

Renaissancegiebel des Malmöer Rathauses

KARLSKRONA

[121 E3–4] Alte Residenzstadt in Blekinge mit phantastischem Schärengarten. Geschützt durch die vielen Inseln, erhielt Karlskrona eine wichtige strategische Bedeutung. König Karl XI. ließ die Stadt 1680 als Flottenhauptquartier anlegen. Noch heute ist sie Marinestützpunkt und Sitz der Marineakademie. 1998 wurde Karlskrona (60 000 Ew.) wegen ihrer Verteidigungsanlagen in die Unesco-Liste des Weltkulturerbes aufgenommen. Sie gelten als die am besten bewahrten ihrer Art.

SEHENSWERTES

Admiralitätskirche Ulrica Pia
Das älteste Gebäude Karlskronas stammt aus dem Jahr 1685 und gilt als die größte Holzkirche Schwedens. Vor der Kirche steht der Alte Rosenbom, eine Holzfigur, die früher als Spendenbüchse diente.

Stortorget
Dieser riesige Marktplatz wurde von König Karl XI. für Militärparaden angelegt. Umrahmt wird er von

Ihr Handy nehmen Schweden überallhin mit, auch zum Angeln

der barocken *Fredrikskyrkan* (1744), der *Trefaltighetskyrkan* (1802) und dem *Rathaus.*

MUSEUM

Marinmuseum
Hier wird die Geschichte der schwedischen Marine und der Marinewerft Karlskronas dokumentiert. Neben Waffen, nautischem Gerät und Galionsfiguren gehört ein Unterwassergang zu einem Schiffswrack zu den Attraktionen. *Juni–Aug. tgl. 10–18 Uhr, Sept. bis Mai Di–So 11–17 Uhr, Eintritt 50 SEK, auf der Insel Stumholmen in Karlskrona, www.marinmuseum.se*

EINKAUFEN

Insider Tipp **Sturkö Rökeri**
Der Fisch aus dieser Räucherei auf der Insel Sturkö in den Schären ist garantiert frisch. *Mo–Fr 10–17 Uhr, Sa 10–13 Uhr, Ende Juni–Anfang Aug. auch So 11–15 Uhr, E22 Richtung Sturkö-Tjurkö, ab Sturkö-Mühle ausgeschildert*

ÜBERNACHTEN

Hotell Aston
Kleines, gemütliches Hotel mit maritimem Flair. *42 Zi., Landbrogatan 1, Tel. 0455/194 70, Fax 33 99 64, www.trossohotell.se,* €€

AM ABEND

Valvet
Die Diskothek in Karlskrona. Musik der 70er-Jahre bis zu aktuellen Charts. *Fr und Sa 23–3 Uhr, Mindestalter Disko Fr 18 Jahre, Sa 23 Jahre, Eintritt Fr 20 SEK, Sa 60 SEK, Ronnebygatan 26, Tel. 0455/ 192 90, www.valvetonline.com*

AUSKUNFT

Karlskrona Turistbyrå
Stortorget 2, Tel. 0455/30 34 90, Fax 30 34 94, turistbyran@karlskro

na.se, www.karlskrona.se/turism, www.blekingeturism.com

ZIELE IN DER UMGEBUNG

Aspö, Tjurkö, Sturkö **[121 E4]**
Es lohnt sich eine Schärentour zu Schwedens südöstlichster Ecke vor den Toren Karlskronas einzuplanen. Hier können Sie baden, Fahrrad fahren oder auf Islandpferden reiten. Originelle Übernachtungsadresse ist der 20 m hohe *Lotsenturm* (Insider Tipp) *(5 Zi. mit jeweils 4 Betten, Lotstornet, Drottningskär, Tel. 0455/33 90 26, Fax 33 92 72, www.lotstornet.se, €)*. Verschiedene Fähren ab Fisktorget in Karlskrona *(Mitte Juni–Mitte Aug., Skärgårdstrafiken, Tel. 0455/783 30, info@affv.se)*.

Karlshamn **[121 D3–4]**
Aus dieser alten Hafen- und Handelsstadt (30 000 Ew., gut 50 km westlich von Karlskrona) brachen im 19. Jh. viele Schweden nach Amerika auf. Daran erinnert heute noch das *Denkmal am Hamnparken.* In Karlshamns *Kulturkvarter,* dem historischen Stadtviertel mit wunderschönen alten Holzhäusern, befindet sich heute in der ehemaligen Punschfabrik das *Punschmuseum (Di–Fr 13–16 Uhr, Mitte Juni–Mitte Aug. Di–So 12–17 Uhr, Eintritt 20 SEK, Vinkelgatan 8, www.karlshamnsmuseum.k.se)*. Hier wurde früher der in Schweden berühmte *Carlshamns Flaggpunsch* hergestellt, ein süßes, alkoholisches Getränk, das kalt getrunken wird. Im Museum können Sie die originalgetreu erhaltenen Produktionsräume besichtigen. Auskunft: *Karlshamns Turistbyrå (Ronnebygatan 1, Tel. 0454/812 03, Fax 812 25, www.karlshamn.se)*.

Mörrum/Mörrumsån **[121 D4]**
Hier springen einem die Lachse regelrecht in den Schoß! Der ★ Mörrumsån, etwa 60 km westlich von Karlskrona, gehört zu den besten Lachsgewässern Schwedens. Das *Laxens Hus (April–Sept. tgl. 9–17*

MARCO POLO Highlights »Die Südküste«

★ **Mörrumsån**
In diesem Fluss gibt's Lachse satt (Seite 29)

★ **Österlen**
Idyllischer Landstrich rund um den pittoresken Fischerort Simrishamn (Seite 36)

★ **Åhus**
Mittelalterliches Küstenstädtchen, bekannt für Aal und Absolut Wodka (Seite 34)

★ **Glimmingehus**
Imposante Burg aus dem Mittelalter (Seite 34)

★ **Ales stenar**
Riesige Steinsetzung in Form eines Wikingerschiffs (Seite 34)

★ **Ystad**
Das mittelalterliche Städtchen ist Tatort berühmter Krimis (Seite 37)

Uhr, Okt. tgl. 9–16 Uhr, Eintritt 65 SEK) dokumentiert die Entwicklung des Edelfisches vom Laich bis zum ausgewachsenen Lachs. Fischkarten: *Sportfiskekontoret (Mörrums Kronolaxfiske, Mörrum, Tel. 0454/ 501 23, www.morrum.com).*

Sölvesborg **[121 D4]**

Schwedens ältestes mittelalterliches Städtchen (16 000 Ew.) liegt knapp 90 km westlich von Karlskrona. Wunderschön ist von hier eine Tour auf die *Listerland-Halbinsel* mit vielen Badestränden, Fischräuchereien und malerischen Fischerdörfern wie zum Beispiel *Hällevik.* Mit der Fähre kommen Sie ab Nogersund zweimal täglich auch zur 6 km entfernten autofreien Leuchtturminsel Insider Tipp *Hanö* mit Stränden und Riesenfelsen. Übernachten können Sie in der ehemaligen Wohnung des Leuchtturmwärters *(zwei Wohnungen für jeweils 4–6 Pers., Tel. 0456/ 530 14, €)* oder im *Hanö Vandrarhem (7 Zi., 30 Betten, Tel. 0456/ 530 00, Fax 530 89, www.house-of-isle.se, €).* Auskunft: *Sölvesborg Turistbyrå (Stadshuset, Repslagargatan 1, Tel. 0456/100 88, Fax 125 05, www.solvesborg.se).*

MALMÖ

Karte Seite 122/123

[120 C5] Grüne Parks, lange Kanäle, mittelalterliche Fachwerkhäuser und eine hohe Kneipendichte: So lässt sich Malmö am besten beschreiben. Schwedens drittgrößte Stadt (265 000 Ew.) ist Hauptstadt der Region Skåne.

Auch Skåne gehörte bis 1658 zu Dänemark. Der dänische Einfluss und die Nähe zum Kontinent sind immer noch zu spüren: Hier ist alles ein bisschen lebendiger und offener als im übrigen Schweden. Die Menschen sind gesprächiger, das Klima ist milder, und das Bier sprudelt reichlicher. An die 300 Sorten soll es in Malmö geben. Natürlich passt auch der Bau der Öresundbrücke gut zu dieser Weltoffenheit. Seit Juli 2000 verbindet sie Malmö mit Kopenhagen. Zusammen bilden beide Städte ein großes wirtschaftliches und kulturelles Zentrum in Nordeuropa.

Mit der Industrialisierung im 19. Jh. und steigendem Wirtschaftswachstum entwickelte sich Malmö in kurzer Zeit zu der Arbeiterstadt Skånes. Große Grünanlagen wie der *Pildammsparken* oder *Slottsparken* wurden angelegt, damit sich die Arbeiter in ihrer Freizeit dort erholen sollten. Heute ist Malmö das Wirtschaftszentrum Südschwedens mit Zementwerken, Textil- und Maschinenfabriken und der bekannten Kockums Werft.

SEHENSWERTES

Die *Malmökort* (Malmö-Karte) für ein bis drei Tage berechtigt zum freien Parken auf bestimmten Parkplätzen, zur kostenlosen Benutzung der Stadtbusse und zum freien Eintritt in einige Museen. Das Ticket für den Öresundzug nach Kopenhagen erhalten Sie mit dieser Karte verbilligt (30 Prozent). Sie ist in den Touristenbüros erhältlich. Entdecken können Sie Malmö auch auf einer 50-Min.-Fahrt im Linienbus 20 (Abfahrt am Bahnhof). Er fährt vorbei an Malmöhus slott, dem Strand Ribersborg und dem Pildammsparken.

Lilla torg **[123 D5]**
Kopfsteingepflasterte Gassen und alte Fachwerkhäuser umrahmen diesen malerischen Platz mit vielen kleinen Läden, Kneipen und Restaurants. Im Sommer sitzt man draußen und genießt bis in die Nacht das pulsierende Leben. In der *Saluhall* (Markthalle) können Sie sehr gut einkaufen und essen.

St. Petrikyrkan **[123 D–E4]**
Gotische Backsteinkirche aus dem 14. Jh., das älteste Bauwerk Malmös. Sie ist wahrscheinlich nach dem Vorbild der Lübecker Marienkirche entstanden. Sehenswert sind besonders die spätgotischen Kalkmalereien an Wänden und Gewölbe der Krämerkapelle, die Kanzel aus dem Jahr 1599 und der große Barockaltar.

Stortorget **[123 D5]**
Er bildet das Zentrum von Malmös *Gamla Stan,* der Altstadt, die mit Wassergräben und Kanälen umgeben ist. Das *Reiterdenkmal* zeigt Karl X. Gustav, der 1658 Skåne mit Schweden vereinigte.

MUSEEN

Malmöhus slott **[122 B5]**
Der dänische König Christian III. ließ 1536 bis 1542 Schloss Malmöhus errichten, das älteste erhaltene Renaissanceschloss des Nordens. Heute sind hier verschiedene Museen untergebracht: Das *Teknikens- och Sjöfartens Hus* begeistert Technikfans. Wasserfahrzeuge von der Wikingerzeit bis zum U-Boot aus dem Zweiten Weltkrieg gibt es hier zu sehen. Besondere Attraktion: das *Tivoli des Wissens,* eine Experimentierwerkstatt.

Junge Schwedinnen beim Plausch

Das *Konstmuseet* (Kunstmuseum) beherbergt eine der größten Sammlungen Schwedens von skandinavischer Kunst aus dem 20. Jh.

Von der Steinzeit bis zum Mittelalter können Sie im *Stadshistoriskt museum* die Geschichte Malmös und Skånes verfolgen. *Tgl. 12–16 Uhr, Juni–Aug. tgl. 10–16 Uhr, Eintritt 40 SEK (gilt für alle Museen), Malmöhusvägen*

ESSEN & TRINKEN

Årstiderna **[123 D5]**
Küche aus Skåne mit internationalem Touch bietet dieses Gourmetrestaurant im *Kocksa Huset,* einem Gebäude aus dem 16. Jh. *So geschl., Frans Suellsgatan 3 (Stortorget), Tel. 040/23 09 10,* €€€

Café & Gallery Red Dog **[0]**
Gemütliches Café. Jazz im Hintergrund. Wechselnde kleine Kunstausstellungen. Selbst gebackener Kuchen, Sandwiches. *Södra Förstadsgatan 84, Tel. 040/12 93 80,* €

Johan P Saluhallens Fiskrestaurang **[123 D5]**
Malmös einziges richtiges Fisch- und Schaltierrestaurant. *Saluhallen*

Form Design Center – innen und außen sehenswert

am Lilla torg, Landbygatan 3, Tel. 040/97 18 18, €€

EINKAUFEN

Malmös größtes Shoppinggebiet **[123 D5–6]** reicht von der Fußgängerzone am *Stortorget* über den *Gustav Adolfs torg,* die *Södra Förstadsgatan* bis zum *Dalaplan.* Bei der *Östergatan* und *Östra Förstadsgatan* **[123 E–F4]** gibt's ebenfalls Kaufhäuser und kleine Geschäfte. Bei *Duka* **[123 E–F5]** *(St Kvarngatan 57)* und *Cervera* **[0]** *(Einkaufszentrum Triangeln, Södra Förstadsgatan 49)* gibt es schöne Glaswaren, Kunsthandwerk bei *Formargruppen* **[123 D5]** *(Lilla torg)* und bei *Älgamark* **[0]** *(Östra Rönneholmsvägen).* Unbedingt besuchen sollten Sie das *Form Design Center* **[123 D5]** im wunderschönen Fachwerkhof *Hedmanska Gården (Di–Fr 10–16 Uhr, Do 11–20 Uhr, Sa 10–16 Uhr, So 12–16 Uhr, Lilla torg).* Das Edelkaufhaus *Hansa Companiet* **[123 D5]** *(Södergatan)* bietet auf drei Etagen kleine, exklusive Läden u. a. mit Mode. Sonntags *(8–16 Uhr)* gibt es einen großen *Flohmarkt* am Marktplatz auf der *Södra Promenaden* **[123 F5]**. Frischen Fisch bekommen Sie in den *Fiskehoddorna* **[122 A5]** *(Di–Do, So 8–13 Uhr)* gegenüber dem Schloss Malmöhus.

ÜBERNACHTEN

Erkundigen Sie sich nach dem günstigen Malmöpaket! Darin sind bis zu drei Hotelübernachtungen inklusive Frühstück sowie die *Malmökort* enthalten.

Bruksgården **[0]**
Gemütliche Jugendherberge mit hohem Standard, 17 km außerhalb von Malmö. *18 Zi., Bruksvägen 15, Hököpinge, Tel. 040/46 90 95, Fax 37 04 08, www.bruksgarden.net,* €

Elite Hotel Savoy **[123 D4]**
Traditionsreiches Hotel von 1862 mit stilvollem Ambiente, dem sehr guten Restaurant *Petri Pumpa* und

dem Pub *The Bishop's Arms.* Hier haben auch schon Abba übernachtet. *84 Zi., Norra Vallgatan 62, Tel. 040/664 48 00, Fax 664 48 50, www.savoy.elite.se,* €€€

Hotell Royal **[122 C5]**
Kleines, gemütliches Hotel mit schönem Innenhof in zentraler Lage. *38 Zi., Norra Vallgatan 94, Tel. 040/664 25 00, Fax 12 77 12, www.hotellroyal.com,* €€

FREIZEIT & SPORT

Bootstour
Mit dem Boot *Rundan* erleben Sie in 45 Minuten eine spannende Rundfahrt um die Malmöer Altstadt. Führungen gibt es auch auf Deutsch (Abfahrt im Sommer zwischen Hotel Savoy und dem Bahnhof, *Tel. 040/611 74 88).* Beim *Malmö Kanuklubb* können Sie sich aber auch ein Kanu oder Kajak mieten und selbst durch die Kanäle paddeln *(Tel. 040/97 20 47).*

Malmö Festival
Bis zu 1,5 Mio. Besucher kommen Mitte August zum riesigen Stadtfest. Acht Tage lang feiern die Bewohner Malmös mit Feuerwerk, Drachenbootrennen, Sportereignissen, Musik, Theater und exotischem Essen.

AM ABEND

Tipps für den Abend finden Sie auch in der kostenlosen Broschüre »Malmö This Month« (gibt's im Touristenbüro).

Privé **[123 D6]**
Auf vier Etagen und drei Tanzflächen verteilt sich hier das junge Publikum in einer großen und beliebten Diskothek. Leider lange Schlangen, deshalb möglichst früh kommen. *Fr und Sa 23–5 Uhr, Eintritt 80 SEK, Malmborgsgatan 7, Tel. 040/97 46 66, Mindestalter Frauen Fr 18 Jahre, Sa 20 Jahre, Männer Fr 20 Jahre, Sa 22 Jahre*

Lesetipps

Schwedische Literatur hat Klasse

Torgny Lindgren, einer der ganz großen schwedischen Autoren der Gegenwart, behandelt in seinen wunderbaren Romanen immer existenzielle Fragen. In »Bathseba« beispielsweis geht es um Macht, auch um die Macht der Liebe und die des Begehrens. Der Held in Lars Gustafssons Roman »Wollsachen« ist ein sympathischer Außenseiter, der sich selbst und sein Land kritisch sieht. Håkan Nesser ist mit »Kim Novak badete nie im See von Genezareth« ein besonders intelligenter Kriminalroman gelungen, der gleichzeitig eine stimmungsvolle Sommergeschichte ist, in der es um erste Liebesgefühle von 14-Jährigen geht. »Die Aprilhexe« von Majgull Axelsson erzählt literarisch anspruchsvoll und außerordentlich packend die verstörende Geschichte von vier Schwestern.

AUSKUNFT

Malmös Turistbyrå **[123 D4]**
Centralstation (Hauptbahnhof), Skeppsbron, Tel. 040/34 12 00, Fax 34 12 09, malmo.turism@malmo.se, www.malmo.se/turist und *Skånegården, 900 m hinter der Öresundbrücke, Tel. 040/10 92 10, Infos über Skåne www.skanetur.se*

ZIELE IN DER UMGEBUNG

Åhus **[121 D4]**
★ Dieses mittelalterliche Küstenstädtchen (10 000 Ew., knapp 120 km nordöstlich von Malmö) ist bekannt für seine fetten, frisch geräucherten Aale. Außerdem wird hier der weltberühmte schwedische Absolut Wodka hergestellt.

Herrliche, gut für Kinder geeignete Sandstrände finden Sie bei *Äspet,* nur wenige Kilometer südlich des Zentrums. Wer den berühmten *spettekaka* (Baumkuchen) probieren möchte, ist in der Insider Tipp *Spettkaksbageriet (Mo–Fr 13–18 Uhr, Sa 10–13 Uhr, Gälltoftavägen 1)* in *Rinkaby,* nördlich von Åhus richtig. Er wird je nach Saison in verschiedenen Geschmacksrichtungen angeboten. Fischfans sollten einen Blick in die Insider Tipp Fischräucherei *Åhus Ål* mit Aal, Lachs und Heringen *(Mo–Fr 8–16 Uhr, Sa 8–12 Uhr, Sandnejlikorvägen 13, Revhaken, wenige Kilometer südlich des Zentrums)* von Björn und Sven Wilhelm Nilsson werfen. Auskunft: *Åhus Turistbyrå (Köpmannagatan 2, Tel. 044/24 01 06, Fax 24 38 98, www.kristianstad.se/turism).*

Ales stenar **[121 D5]**
★ Die größte Steinsetzung (von Menschen aneinander gereihte Steine) Skandinaviens in Form eines riesigen Wikingerschiffs liegt in der Nähe des kleinen Fischerdorfs *Kåseberga,* knapp 80 km östlich von Malmö. 59 riesige Steinblöcke formen den Grundriss eines 67 m langen und 19 m breiten Schiffs. Sie wurden sehr wahrscheinlich vor 1500 Jahren von den Wikingern dorthin gebracht und dienten als Kult- oder Opferstätte. Von hier aus hat man einen traumhaften Blick auf das Meer und die Insel Bornholm.

Glimmingehus **[121 D5]**
★ Über 2 m dick sind die Außenmauern dieser imposanten Festungsanlage rund 90 km östlich von

Ales stenar – die größte Steinsetzung in Skandinavien

Malmö bei Simrishamn. Schwedens besterhaltene Burg mit einer Höhe von 26 m und drei Geschossen wurde um 1500 errichtet. Heute nutzt man das mittelalterliche Ambiente für Ritterspiele oder Festmähler *(Mitte April–Mai und Mitte–Ende Sept. tgl. 11–17 Uhr, Juni–Mitte Sept. tgl. 10–18 Uhr, Eintritt 50 SEK, Führungen im Sommer mehrmals tgl. auch auf Deutsch, www.glimmingehus.nu)*.

Kivik **[121 D4]**

Ein Meer von Blüten erwartet Sie im Frühling im schwedischen Zentrum des Apfelanbaus (1500 Ew., ca. 100 km östlich von Malmö) nahe Simrishamn. Im *Äpplets Hus (April, Sept.–Mitte Okt. tgl. 10–16 Uhr, Mai, Juni tgl. 10–17 Uhr, Juli, Aug. tgl. 9–18 Uhr, Eintritt 30 SEK, Tel. 0414/719 00, www.appletshus.l.se)* erfahren Sie Spannendes rund um den Apfel (Obstkammer, historische Lager, Fabrik). Im Mostereishop können Sie sich anschließend zu Fabrikpreisen mit Saft oder Marmelade eindecken.

Sehenswert ist in Kivik außerdem das 3000 Jahre alte Königsgrab *Kiviksgraven* aus der Bronzezeit, eine große, runde Grabanlage aus Steinen mit einem Durchmesser von 75 m. Zum Baden lädt etwa 3 km nördlich ganz besonders der lange, feinsandige Strand bei *Vitemölla* ein. Herrlich wohnen können Sie hier auch und zwar im traditionsreichen Insider Tipp *Vitemölla Badhotell (11 Zi., Lejegatan 60, Tel. 0414/700 00, Fax 705 91, www.badhotell.com, €€€)*, einer alten, weißen Holzvilla von 1913. Das Restaurant bietet einen tollen Meerblick und eine mehrfach ausgezeichnete Küche.

Universitätsgebäude in Lund

Lund **[120 C4]**

Das gemütliche Studentenstädtchen mit winkligen Kopfsteinpflastergassen und prächtigen Universitätsgebäuden liegt etwa 20 km nordöstlich von Malmö. Gegründet wurde Lund bereits 990 und zählt damit zu den ältesten Städten Schwedens. Im kulturellen und geistigen Zentrum Südschwedens leben gut 100 000 Menschen, darunter viele Studenten, denn Lund hat die größte Universität Nordeuropas (gegründet 1668).

Seit 1103 ist Lund auch Erzbischofssitz. Die riesige romanische *Domkirche (Mo–Fr 8–18 Uhr, Sa 9.30–17 Uhr, So 9.30–18 Uhr)* wurde 1145 geweiht. Sehenswert ist außerdem das kulturhistorische Freilichtmuseum *Kulturen (Mai bis*

Die Öresundbrücke verbindet Malmö mit Kopenhagen

Sept. tgl. 11–17 Uhr, sonst Di–So 12–16 Uhr, Park Juni–Aug. 11–21 Uhr, Eintritt 50 SEK, Tegnérplatsen). Es zeigt eine vielfältige Sammlung aus Möbeln, Keramik, Kunst und Kunsthandwerk. Am schönsten sind aber die alten Bauernhäuser, die man in ganz Skåne abgetragen und hier wieder aufgebaut hat. Auskunft: *Lunds Turistbyrå (Kyrkogatan 11, Tel. 046/35 50 40, Fax 12 59 63, www.lund.se/turism).*

Öresundregion **[120 B–C 4–5]**
Rund 3,5 Mio. Menschen leben in der Öresundregion, die seit dem 1. Juli 2000 durch die Öresundbrücke mit Dänemark verbunden ist. Insgesamt 16 km lang ist die feste Verbindung über den Sund, die über zwei künstlich angelegte Inseln, eine fast 8 km lange Schrägseilbrücke und durch einen 4 km langen Tunnel führt *(PKW einfache Fahrt 300 SEK, 24-Stunden-Zug-Ticket 170 SEK).* Die *Öresund-runt-Karte* (gilt für Malmö, Helsingborg, Helsingør und Kopenhagen) berechtigt zur kostenlosen Benutzung der Fähren und öffentlichen Verkehrsmittel sowie zum freien Eintritt in einige Museen. Sie bekommen sie für 200 SEK in den Kundenzentren des Verkehrsverbunds *Skånetrafiken* in Malmö *(Värnhemstorget oder Gustav Adolfs torg oder Pågatågstationen).*

Simrishamn/Österlen **[121 D5]**
Pastellfarbene Häuschen kauern sich in diesem alten Fischerort rund um den Hafen. Über allem liegt ein leichter Fischgeruch: Simrishamn (20 000 Ew.), der wichtige Fischereihafen etwa 100 km östlich von Malmö, lebt vom Fischfang, und das schon seit dem Mittelalter.

Der Ort liegt im Landstrich ★ Österlen, einer der schönsten Gegenden Schwedens. Knallgelbe Rapsfelder, sanfte, grasgrüne Hügel, dahinter das dunkelblaue Meer – kein Wunder, dass sich viele Künstler und Handwerker in Österlen niedergelassen haben. Mit 97 m fällt hier der Berg Stenshuvud ins Meer ab. Von seinem Gipfel hat man einen phantastischen Blick aufs Meer. Der Berg ragt mitten im Naturschutzgebiet *Stenshuvud* auf, in dem über 600 Blumenarten gezählt wurden, zu dem aber auch karge Klippen, Wiesen und schöne Strände gehören.

Gourmetküche und gemütliche Zimmer in typisch dänisch-skånischem Ambiente bietet der Landgasthof *Karlaby Krog (22 Zi., Tommarp, 7 km westlich von Simrishamn, Tel. 0414/203 00, Fax 204 73, www.countrysidehotels.se, €€€).* Schöne, feinsandige Strände gibt es rund um Simrishamn, etwa beim *Naturreservat Sandhammaren.* Auskunft: *Simrishamns Turistbyrå (Tullhusgatan 2, Tel. 0414/81 98 00, Fax 163 64, www.turistbyra.simrishamn.se).*

Smygehuk **[120 C5]**

Schwedens südlichster Punkt liegt gut 40 km südöstlich von Malmö. Ein Wegweiser mit Entfernungsangaben zu internationalen Zielen wie Berlin, Paris oder Moskau markiert diese Stelle. Bis 1975 war der Leuchtturm in Smygehuk in Betrieb. Im Leuchtturmwärterhaus ist heute eine Jugendherberge untergebracht: Insider Tipp *STF Vandrarhem Smygehuk, (Kustvägen, Tel. 0410/245 83, www.smygehukhostel.com, €).* Auskunft: *Smygehuks Turistbyrå (Köpmansmagasinet, Kustvägen, Smygehamn, Tel. und Fax 0410/240 53).*

Ystad **[121 D5]**

★ Kopfsteinpflaster, krumme Gassen und an die dreihundert malerische Fachwerkhäuser (besonders sehenswert ist das *Pilgrändshuset,* das älteste Fachwerkhaus des Nordens) begründen den besonderen Charme und die Schönheit dieser mittelalterlichen Kleinstadt (26 000 Ew.) an der Ostseeküste ca. 60 km südöstlich von Malmö.

Bis zum Frieden von Roskilde 1658 gehörte die Stadt zu Dänemark. Seinen Wohlstand verdankte Ystad im Mittelalter dem Hering, der hier in großen Mengen gefangen wurde.

Heute ist Ystad auch bekannt durch Kommissar Kurt Wallander, der Hauptfigur der Kriminalromane von Henning Mankell. Die in aller Welt superpopulären Wallander-Bücher haben für einen regelrechten Wallander-Tourismus mit Spezialangeboten gesorgt. Auf geführten Stadtrundgängen können Sie auf den Spuren des Kriminalkommissars wandeln. Zusätzlich organisiert die Freiwillige Feuerwehr in den Sommermonaten Wallander-Touren mit einem alten Feuerwehrauto *(Preise pro Person 580–850 SEK).* Natürlich können Sie auch auf eigene Faust losmarschieren. Infos und Karten erhalten Sie beim Touristenbüro.

Mitten im Herzen von Ystad liegt das *Hotell Sekelgården (18 Zi., Långgatan 18, Tel. 0411/739 00, Fax 189 97, www.sekelgarden.se, €€).* Es besteht aus mehreren Häusern aus dem 18. und 19. Jh., die einen romantischen Innenhof bilden. Hier können Sie im Sommer auch frühstücken. Östlich der Stadt liegt Ystads *Saltsjöbad* mit ausgedehnten Sandstränden. Auskunft: *Ystads Turistbyrå (S:t Knuts torg, Tel. 0411/57 76 81, Fax 55 55 85, www.visitystad.com).*

Sandstrände, Fjorde und Schären

Baden, sonnen, segeln, angeln: Hier können Sie die Seele baumeln lassen, malerische Fischerdörfer entdecken oder Göteborgs Großstadtflair genießen

Etwa 300 Jahre lang gehörten die beiden Regionen Halland und Bohuslän an der schwedischen Westküste zu Dänemark. Traditionsreiche Badeorte wie Tylösand oder Varberg laden mit ihren langen Sandstränden im Süden zum Entspannen ein. Im Norden finden Sie schroffe Klippen mit unzähligen Fjorden und pittoresken Inseln wie Marstrand oder Tjörn, und in der Mitte liegt Göteborg, Schwedens zweitgrößte Stadt. Die weltoffene Hafenstadt bietet spannende Sehenswürdigkeiten und ein lebendiges Nachtleben.

Wassersportfans finden an der Westküste erstklassige Voraussetzungen, und auch kulinarisch ist die Gegend viel versprechend: Austern, Krabben, Hummer und frischen Fisch sollten Sie hier unbedingt probieren.

FALKENBERG

[120 B2] Die gemütliche Kleinstadt (39 000 Ew.) mit ihrem mittelalterlichen Stadtkern und den Kopfsteinpflasterstraßen liegt an der Mündung des Ätran, einem der besten Lachsgewässer Schwedens. Der Badeort ist außerdem für seine weiten, flachen, kinderfreundlichen Sandstrände bekannt.

Typische Häuser auf der Schäreninsel Marstrand

EINKAUFEN

Laxbutiken Insider Tipp

Hier gibt es Lachs satt! Lachsdelikatessen aller Art zum Probieren im Restaurant oder zum Mitnehmen. Außerdem Zutaten und Rezepte. *Tgl. 10–19 Uhr, Heberg, an der E6 7 km südlich von Falkenberg*

ÜBERNACHTEN

Värdshuset Hwitan

Romantikhotel mit Restaurant direkt am Ätran. *35 Zi., Storgatan 24, Tel. 0346/820 90, Fax 597 96, www.hwitan.se,* €€

FREIZEIT & SPORT

Wildlachsangeln Insider Tipp

Lachse können Sie hier selbst aus dem Wasser ziehen. Ein Muss für jeden Angelfan. Nur mit Fischkarte. Die gibt's im Touristenbüro *(100 SEK, Wochenkarte 500 SEK).*

Göteborg: Café vor der neuen Oper, im Hintergrund die »Viking«

AUSKUNFT

Falkenbergs Turistbyrå
Holgersgatan 9, Tel. 0346/861 00 oder 174 10, Fax 145 26, www.falkenbergsturist.se

GÖTEBORG

Karte Seite 122/123

[116 C5] Kaum scheint die Frühlingssonne, bummeln die Göteborger in Scharen über die Kungsportsavenyn mit ihren zahlreichen Geschäften, Cafés und Restaurants, genießen in Daunenjacke oder T-Shirt das erste Bier im Freien. Darüber kreisen kreischende Möwen, das maritime Flair der Stadt am Meer ist überall zu spüren. Schwedens zweitgrößte Stadt (475 000 Ew.) lebt in ständiger Konkurrenz mit der Hauptstadt an der Ostküste, in der alles immer noch ein bisschen schöner und größer ist.

Gegründet 1621, wurde Göteborg nach holländischem Vorbild angelegt, mit Kanälen und Befestigungsanlagen zur Verteidigung der Stadt. Heute ist das Wirtschaftszentrum Göteborg einer der wichtigen Häfen Nordeuropas mit internationalen Fährverbindungen. Nach vielen Krisen und Werftpleiten setzt die Universitätsstadt (seit 1885) heute verstärkt auf Wissenschaft und Kultur. Viele attraktive Sehenswürdigkeiten, ein lebendiges Nachtleben, der große Vergnügungspark Liseberg und ein breites Angebot an Geschäften machen Göteborg zu einem populären Reiseziel.

Und direkt vor der Tür fasziniert eine andere Welt: Auf Ausflügen per Auto, Bus, Straßenbahn oder Schiff können Sie die phantastischen Schären in Bohuslän mit ihren Fischerdörfen und Seebädern erkunden.

SEHENSWERTES

Die *Göteborgskort* (erhältlich im Touristenbüro) für ein bis drei Tage gewährt freien Eintritt in zahlreiche Museen und den Vergnügungspark Liseberg, kostenlose Nutzung der öffentlichen Verkehrsmittel und der Sightseeingboote Paddan sowie weitere Vergünstigungen.

Feskekörka **[122 C2–3]**

★ Berühmte alte Göteborger Fischhalle. Sie sieht von außen aus wie eine Kirche, drinnen bekommen Sie die besten Delikatessen frisch aus dem Meer. *Di–Do 9–17 Uhr, Fr 9–18 Uhr, Sa 9–13.30 Uhr, Rosenlundskanal*

Gustaf Adolfs torg [123 D1]
Göteborgs administratives und politisches Zentrum mit Rathaus, Stadthaus, Börse. Ein Abbild des Königs Gustaf Adolf, der dem Platz seinen Namen gab, thront in Bronze auf einem Pferd in der Platzmitte.

Haga [122 C3]
In den 80er- und 90er-Jahren begann man mit der vorsichtigen Renovierung des heruntergekommenen alten Arbeiterviertels. Heute prägen Kopfsteinpflaster, viele kleine Cafés, Secondhandläden und Antiquariate das Bild.

Kronhuset und Kronhusbodarna [123 D1]
Das älteste profane Gebäude Göteborgs stammt von 1643. Rund um das ehemalige Zeughaus mit seinem sehenswerten Reichssaal gruppieren sich die ehemaligen Werkstätten und Stallungen, in denen sich heute eine Goldschmiede, ein Glasbläseratelier, eine Töpferei, ein Kaufmannsladen und ein Café befinden. *Di–Sa 12–16 Uhr, So 11–17 Uhr, Mai–Aug. auch Mo 12–16 Uhr, Postgatan 4–6*

Kungsportsavenyn und Götaplatsen [123 E3]
Göteborgs Prachtboulevard mit Cafés, Restaurants und Geschäften. An seinem Ende liegt der *Götaplatsen,* das Kulturzentrum Göteborgs mit Kunstmuseum, Kunsthalle, Konzerthaus und Stadttheater. In der Mitte die *Poseidon-Statue* von Carl Milles.

MUSEEN

Göteborgs Stadsmuseum [123 D1]
Sammlungen zur Stadt-, Kultur- und Industriegeschichte im Gebäude (1750) der Ostindien-Gesellschaft. Zu den Exponaten zählen Schwedens einziges Wikingerschiff und chinesisches Porzellan. *Di, Do–So 10–17 Uhr, Mi 10–20 Uhr, Mai–Aug. tgl. 10–17 Uhr, Eintritt*

MARCO POLO Highlights »Die Westküste«

★ **Torekov**
Malerisches Fischerdorf am Kattegat (Seite 49)

★ **Feskekörka**
Delikatessen in der alten Göteborger Fischhalle (Seite 40)

★ **Marstrand**
Badeort und Seglerparadies mit Tradition (Seite 45)

★ **Tjörn und Orust**
Schärenidyll in Bohuslän (Seite 46)

★ **Kullaberg-Halbinsel**
Felsen, Sandstrände und Fischerdörfer im Nordwesten Skånes (Seite 48)

★ **Mellbystrand**
Supersandstrand an der Westküste (Seite 48)

Brunnen mit Poseidonstatue vor dem Konstmuseet am Götaplatsen

40 SEK, Norra Hamngatan 12, www.gbg.stadsmuseum.se

Konstmuseet **[123 E3]**
Im zweitgrößten Kunstmuseum des Landes finden Sie neben sehenswerten Gemälden von Rembrandt, Rubens, van Gogh eine umfangreiche Sammlung skandinavischer Malerei der vorletzten Jahrhundertwende (u. a. Edvard Munch, Carl Larsson oder Anders Zorn). *Di, Do 11–18 Uhr, Mi 11–21 Uhr, Fr–So und an Feiertagen 11–17 Uhr, Eintritt 40 SEK, Götaplatsen, www.konstmuseum.goteborg.se*

Maritima Centrum **[122 C1]**
Historische Schiffe, wie das Feuerschiff »Fladen« von 1915 oder das U-Boot »Nordkaperen« von 1962 können Sie in Göteborgs Maritima Centrum besichtigen. *März–April, tgl. 10–16 Uhr, Mai–Aug. tgl. 10 bis 18 Uhr, Eintritt 45 SEK, Packhuskajen, www.gmtc.se*

Volvo Museum **[0]**
Ein Muss für alle Auto- und Motorfans. In diesem Museum auf dem großen Volvo-Gelände in Torslanda (10 km) wird die Entwicklung des renommierten schwedischen Autos von den Anfängen 1927 bis heute gezeigt – mit vielen Oldtimern, vom Buckelvolvo bis zum LKW. *Di bis Fr 12–17 Uhr, Juni–Aug. Di–Fr 10–17 Uhr, ganzjährig Sa, So 11–16 Uhr, Eintritt 30 SEK, Anfahrt über die E6, E20, Riksväg 40 und 45 Richtung Hisingen, Torslanda Volvo Arendal, www.volvo.com*

ESSEN & TRINKEN

Fisk & Skaldjursbar Gabriel **[122 C2–3]**
Restaurant und Café in der Fischkirche. Es gibt Austern, Fischsuppe, Hummer, Krebse oder einfach ein dick belegtes Krabbenbrot. *So und Mo geschl., Feskekörka, Rosenlundsgatan, Tel. 031/13 90 51,* **€€**

Haga Café & Hembageri [122 C3]
Dieses Studentencafé im pittoresken Stadtteil Haga ist bekannt für seine riesigen *hagabullar,* süße Hefeschnecken mit Zimt. *Haga Nygata 28, Tel. 031/13 61 78, €*

Insider Tipp
Köttbullekällarn – Kafé du Nord [123 D2]
Hier gibt es die berühmten *köttbullar,* den schwedischen Klassiker der Hausmannskost. *So geschl., Kungstorget 2, Tel. 031/13 37 74, €*

Sjömagasinet [O]
Eines der besten Restaurants Göteborgs im alten Speicher der Ostindiska Kompaniet direkt am Wasser. Edles, maritimes Flair. Sehr gemütlich. Exklusive Fisch- und Schaltiergerichte. Im Sommer kann man auch draußen sitzen. Reservieren! *Klippans Kulturreservat, Klippan 6, Tel. 031/775 59 20, €€€*

EINKAUFEN

An der *Östra Hamngatan* [123 D1] liegt *Nordstan,* Schwedens größtes Einkaufszentrum, mit Kaufhäusern und Modeläden. Edler ist die Filiale des Stockholmer Nobelkaufhauses *Nordiska Kompaniet* [123 D2]. Im Viertel rund um *Drottninggatan/Korsgatan/Vallgatan* [123 D2] gibt es viele nette, kleine Boutiquen, Design- und Einrichtungsläden. Im *Design Torget* [123 D2] verkaufen etablierte Designer und unbekannte Künstler Glas, Möbel und Dekoartikel *(Vallgatan 14).* Echtes schwedisches Kunsthandwerk, Leinen, Glas und Keramik finden Sie bei *Bohusslöjd* [123 E3] *(Kungsportsavenyn 25).* Antikes auf drei Etagen bieten die exklusiven *Antikhallerna* [123 C2] *(Västra Hamngatan 6)* oder das *Hagaviertel* [123 C3] mit seinen Antiquariaten, Antik- und Secondhandläden. In der *Saluhall,* der alten Göteborger Markthalle am *Kungstorget* [123 D2], bekommen Sie schwedische Spezialitäten wie Elch oder Rentier.

ÜBERNACHTEN

Günstig übernachten können Sie in Göteborg mit dem *Göteborg-Paket (Touristenbüro).* Darin enthalten ist auch die *Göteborgkarte.*

Hotel Eggers [123 D1]
Traditionsreiches Hotel in einem schön renovierten Jugendstilgebäude gegenüber dem Hauptbahnhof. *67 Zi., Drottningtorget, Tel. 031/80 60 70, Fax 15 42 43, www.hoteleggers.se, €€€*

Hotell Lilton [O] Insider Tipp
Persönliche Atmosphäre in einem malerischen englischen Steinhaus, etwa 10 Minuten zu Fuß von der Avenyn entfernt. *14 Zi., Föreningsgatan 9, Tel. 031/82 88 08, Fax 82 21 84, www.hotellilton.com, €€*

Vandrarhem Linné [O]
Ruhige und gemütliche Jugendherberge in Linnéstaden, einem der besonders lebendigen Stadtviertel Göteborgs mit vielen Cafés, Restaurants, Theatern und dem Park Slottskogen. *30 Zi., Vegagatan 22, Tel. 031/12 10 60, Fax 12 10 51, www.vandrarhemmet-linne.com, €*

Vanilj Hotell & Café [123 D2]
Kleines Hotel mit Café in einem alten Gebäude von 1865 in zentraler Lage. *25 Zi., Kyrkogatan 38, Tel. 031/711 62 20, Fax 711 62 30, www.vaniljhotel.com, €€*

FREIZEIT & SPORT

Entdecken Sie Göteborg vom Wasser aus bei einer Sightseeingtour mit dem Paddan-Boot durch die Kanäle *(April–Sept., 85 SEK, ab Kungsportsbron, Tel. 031/60 96 70, www.paddan.com)*. Oder unternehmen Sie eine Bootsfahrt in die Göteborger Schären. Der Veranstalter bietet auch Abendkreuzfahrten mit Schaltierbuffet an *(Mitte Juni–Mitte Aug. Di, Mi, Fr, Sa 19–22.30 Uhr, Preis 120 SEK, ab Lilla Bommen, Kajskjul 207, www.borjessons.com)*

AM ABEND

Avenyn 10 **[123 E3]**
Göteborgs Vergnügungstempel Nummer eins mit Bars, Diskothek, Livemusik. *Mo–Do 11.30–3 Uhr, Fr 11.30–5 Uhr, Sa 12–5 Uhr, So 13–3 Uhr, Eintritt 80 SEK, Mindestalter Frauen 23 Jahre, Männer 25 Jahre, Kungsportsavenyn 10–12, Tel. 031/13 75 65, www.avenyn10.se*

AUSKUNFT

Göteborgs Turistbyråer
Nordstan Shoppingcenter, Nordstadstorget **[123 D1]** oder *Kungsportsplatsen 2* **[123 E2]**, *Tel. 031/61 25 00, Fax 61 25 01, www.goteborg.com*

Västsvenska Turistrådet **[123 E3]**
Kungsportsavenyn 31–35, Tel. 031/81 83 00, Fax 81 10 48, info@vastsvenskaturistradet.se

ZIELE IN DER UMGEBUNG

Fjällbacka **[116 B3]**
Etwa 100 km nördlich von Göteborg liegt dieses beliebte Ferienziel der Schweden (900 Ew.). Schon die Schauspielerin Ingrid Bergman machte hier gern Urlaub. Deshalb hat man ihr zu Ehren eine Bronzebüste am Hafen aufgestellt. Malerische Holzhäuschen kleben am Fuß des Vetterbergs. Von oben haben Sie einen phantastischen Blick auf die vorgelagerten Schären. Auskunft: *Fjällbacka turistinformation (nur Juni–Aug., Ingrid Bergmans torg, Tel. 0525/321 20, Fax 311 43, fjallbacka.turist@swipnet.se)*.

Grebbestad **[116 B3]**
Ein Idyll wie aus dem Bilderbuch. Leider ist dieser Fischerort (1600 Ew.) 140 km nördlich von Göteborg im Sommer ziemlich überlaufen. Trotzdem ist Grebbestad einen Besuch wert, nicht zuletzt wegen der Austern, die hier angelandet werden. Die können Sie 20 km entfernt bei den Austernfischern *Karlsson* probieren *(Brygguddens musslor och ostron, fahren Sie Richtung Tanumshede, dann links Richtung Sannäs, wieder links Richtung Västbacken und nochmals links Richtung Mjölkeröd, die Firma liegt am Wasser, Tel. 070/311 23 67)*. Auskunft: *Grebbestad Info Center (Torget, Tel. 0525/100 80, Fax 142 20, grebbestadturist@telia.com)*.

Insider Tipp

Hållö **[116 B4]**
Insider Tipp
Schroffe Klippen und Meeresrauschen: Wenn Sie Ruhe lieben, sollten Sie nach Hållö fahren. Auf diesem äußersten Vorposten im Kattegat, etwa 5 km vor *Smögen* (ca. 120 km nördlich von Göteborg), gibt es nur Felsen und vier Gebäude, darunter einen Leuchtturm und eine alte Radiotelegrafenstation, in der man übernachten kann *(30 Betten, €)*. Fähre ab Smögen (nur im

Bo på Lantgård

Ferien auf einem Bauernhof

Urlaub auf dem Land: Ruhe und wunderschöne Natur – das ist Schweden pur. Genau das bieten rund 400 Höfe in ganz Schweden. Sie haben sich in der Organisation *Bo på Lantgård* zusammengeschlossen und bieten einfache und günstige Unterkünfte – in einer Wohnung, einem Zimmer oder einem kleinen Ferienhaus auf einem Bauernhof, für Selbstversorger oder als Bed & Breakfast, einen Tag oder eine Woche lang, ganz wie Sie möchten. Viele Höfe vermieten Fahrräder oder bieten Ausritte an. Und Tiere gibt's natürlich auch. Eine prima Alternative besonders für Familien mit Kindern. Infos: *Upplev Landet AB, Ed, Tel. 0534/120 75, Fax 610 11, www.bopalantgard.org*

Sommer oder nach Absprache). Rechtzeitig buchen *(Tel. 0523/303 17, info@utpost-hallo.nu)!*

Koster-Inseln **[116 B3]**
Robbenbänke, Sonne satt und schöne Strände gibt es auf diesen autofreien, unter Naturschutz stehenden Schäreninseln fast an der norwegischen Grenze. Die Inseln, auf denen 300 Menschen leben, sind in Schweden als Sonnenhochburg bekannt. Anreise: mit der Fähre ab *Strömstad* (ca. 180 km nördlich von Göteborg, Fahrzeit 30 Min., *Koster Marin, Tel. 0526/201 10).* Auskunft: *Strömstad Tourist (Torget, Norra Hamnen, Strömstad, Tel. 0526/623 30, Fax 623 35, info@stromstadtourist.se).*

Marstrand **[116 B5]**
★ Das Sommer- und Seglerparadies! Helle Holzvillen und bunte Segelboote prägen das Bild dieser schönen, autofreien Schäreninsel mit dem gleichnamigen Ort rund 50 km nördlich von Göteborg. Über allem thront die *Festung Carlsten* mit phantastischer Aussicht aufs Meer. In dem alten Bade- und Kurort (1500 Ew.) gibt es Restaurants, Cafés und kleine Geschäfte. Im traditionsreichen *Grand Hotell Marstrand* bietet man von September bis April Hummerwochenenden an *(22 Zi., Tel. 0303/603 22, Fax 600 53, www.grandmarstrand.se, €€€).* Anreise: Fähren mehrmals stündlich ab *Koön, Arvidsvik.* Auskunft: *Kungälvs Turistbyrå (Fästningsholmen, Kungälv, Tel. 0303/992 00, Fax 171 06, info@turism.kungalv.se).*

Schloss Tjolöholm **[120 B1]**
Auf einer Halbinsel im Kungsbackafjord, etwa 45 km südlich von Göteborg, liegt dieses Schloss im Tudorstil in wunderschöner Natur und mit einem grandiosen Blick aufs Meer. Auf dem Gelände gibt es ein Café, ein *Wagenmuseum* und einen kinderfreundlichen Sandstrand *(April–Mitte Juni, Mitte Aug.–Sept. Sa, So 11–16 Uhr, Mitte Juni–Mitte Aug. tgl. 11–16 Uhr, Schlossbesuch nur mit Füh-*

rung. Eintritt 60 SEK, Anfahrt über die E6 nach Süden, Ausfahrt Fjärås/Tjolöholm, dann ausgeschildert, Tel. 0300/54 42 00, www.tjoloholm.se).

Tanums hällristningar **[116 B3]**
Sehr gut erhaltene Felszeichnungen aus der Bronzezeit liegen im Gebiet Tanum, die bedeutendsten bei *Vitlycke.* Sie stellen Schiffe, Tiere und menschliche Gestalten dar. Diese Ritzzeichnungen wurden in die von Gletschern glatt geschliffenen Granitfelsen graviert und gehören heute zum Weltkulturerbe der Unesco. Auskunft: *Tanums Turist (Stora Oppen 5, Tanumshede, Tel. 0525/204 00, Fax 298 60, www.tanumturist.se).*

Tjörn und Orust **[116 B–C4]**
★ Hier sind Sie mitten in der Wunderwelt der Schären. Beide Inseln (jeweils 15 000 Ew.) sind miteinander verbunden und liegen etwa 60 km nördlich von Göteborg. Sie sind vom Festland aus über die imposante Tjörn-Brücke zu erreichen. Unbedingt ansehen sollten Sie sich die typischen Fischerdörfer *Rönnäng* auf Tjörn und *Mollösund* auf Orust und die vorgelagerten Inseln *Åstol* und *Gullholmen.* Direkt am Meer wohnen Sie in *Slussens Pensionat* in *Henån* auf Orust *(20 Zi., Mai–Aug., Slussen, Tel. 0304/375 25, Fax 375 91, www.slussenspensionat.se, €€).* Auskunft, auch zu Ferienhäusern: *Bästkustens Turistkontor (Fregatten 3, Stenungssund, Tel. 0303/815 50, Fax 810 01, www.bastkusten.se).*

HELSINGBORG

[120 C4] Für viele ist Helsingborg (119 000 Ew.) das Tor zum Urlaubsparadies Schweden, denn hier legt die Fähre an, die die Stadt mit dem dänischen Helsingør verbin-

Tanums hällristningar: Felszeichnungen aus der Bronzezeit

det. Strategisch sehr günstig an der schmalsten Stelle des Öresunds gelegen, wurde Helsingborg in den dänisch-schwedischen Kriegen immer wieder heftig umkämpft. Seit 1710 gehört es zu Schweden.

SEHENSWERTES

Kärnan

Eine phantastische Aussicht auf den Öresund und das dänische Helsingør mit dem Schloss Kronborg haben Sie von diesem Festungsturm mitten in der Stadt. *April, Mai, Sept. Di–Fr 9–16 Uhr, Sa, So 11–16 Uhr, Juni–Aug. tgl. 10–19 Uhr*

MUSEUM

Dunkers Kulturhus

Seit 2002 der neue Treffpunkt für Kulturinteressierte in der Öresundregion. Auf einer Ausstellungsfläche von über 3000 m^2 befinden sich in diesem großen Kulturzentrum das Helsingborger Stadt- und Kunstmuseum, die Helsingborger Musikschule, das Kulturzentrum für Kinder und Jugendliche, Ateliers und Studios für Ton, Bildkunst, Tanz, Theater und Multimedia. *Di, Mi, Fr–So 10–17 Uhr, Do 10–20 Uhr, Eintritt Ausstellungen 60 SEK, Kungsgatan 11, www.dunkerskulturhus.com*

ESSEN & TRINKEN

Ramlösa Wärdshus

Schonischer Gasthof von 1830 mit regionalen Spezialitäten. Ist auch bekannt für sein üppiges *smörgåsbord. Södra Brunnsvägen 70, Ramlösa, etwa 4 km südlich von Helsingborg, Tel. 042/29 62 57,* €€

EINKAUFEN

Das nordwestliche Skåne ist die Keramikgegend Schwedens. Hier finden Sie überall Hinweisschilder zu Läden und Töpfereien.

Wallåkras Stenkärlfabrik

Schöne alte Keramikfabrik etwa 15 km südöstlich von Helsingborg in *Vallåkra.* Schon 1864 hat man hier mit der Herstellung u. a. von Marmeladentöpfen und Branntweinkrügen begonnen. *Mo–Fr 10–16 Uhr, Sa, So 12–16 Uhr, Drejarstigen*

ÜBERNACHTEN

Alberga Herrgård

Mitten in herrlicher Natur liegt dieser Herrenhof, etwa sechs Autominuten vom Stadtzentrum entfernt. *6 Zi., Långebergavägen 85, Tel. und Fax 042/29 68 10, www.albergaherrgard.com,* €€

Elite Hotel Marina Plaza

Einen wunderbaren Blick auf den Öresund hat man von diesem exklusiven Hotel direkt am Hafen. *190 Zi., Kungstorget 6, Tel. 042/19 21 00, Fax 14 96 16, www.marinaplaza.elite.se,* €€€

Villa Thalassa

Jugendherberge in schöner Villa mit Aussicht auf den Öresund, etwa 3 km nördlich von Helsingborg. *54 Zi., Dag Hammarsköldsväg, Tel. 042/38 06 60, Fax 12 87 92, www.villathalassa.com,* €

AM ABEND

The Tivoli

Einer der großen Rockclubs Südschwedens mit Livemusik, Disko-

Falu Rödfärg

Ein Abfallprodukt wurde zum Symbol schwedischer Idylle

Üblicherweise sind die typischen schwedischen Holzhäuser rostrot gestrichen. Eher zufällig entdeckte man im 16. Jh. in der berühmten Kupfergrube im mittelschwedischen Falun, dass sich auch mit dem Abfall der Kupferproduktion etwas Sinnvolles anfangen lässt. Das rote Pigment der typischen Farbe entsteht nämlich durch Verwitterung von eisenhaltigem Kupfererz, das bei der Kupfergewinnung zurückbleibt. Dieser Rotstaub enthält neben Kupferanteilen auch Eisenocker, Silikate und Zinkverbindungen. Für die Farbe bedeutet das: sie konserviert, kostet wenig, ist nicht giftig und hält etwa 10 bis 15 Jahre.

thek und Restaurant. *Kungsgatan 1, Hamntorget, Tel. 042/18 71 71, www.thetivoli.nu*

AUSKUNFT

Helsingborgs Turistbyrå
Stortorget/Södra Storgatan 1, Tel. 042/10 43 50, Fax 10 43 55, www.helsingborgsguiden.com

ZIELE IN DER UMGEBUNG

Båstad und Bjärehalvön [120 C3]
Bunte Segelboote auf glitzerndem Wasser und alte Bauernhöfe hinter weißen Holzzäunen sorgen hier für Ferienstimmung. Lange Sandstrände haben den traditionsreichen Badeort Båstad (ca. 40 km nördlich von Helsingborg) auf der Halbinsel Bjärehalvön (3600 Ew.) berühmt gemacht und natürlich das internationale Tennisturnier Swedish Open, das hier seit 1948 jeden Sommer stattfindet. In der Insider Tipp *Troentorp Holzschuhfabrik* werden seit 1909 die echten Schwedenclogs aus Erlenholz hergestellt *(Fabrikverkauf Mo–Fr 9–17 Uhr, Sa 9–13 Uhr, an der Straße 115 zwischen Båstad und Torekov).*

Auf der Halbinsel können Sie tauchen, reiten, wandern, Tennis oder Golf spielen, Rad fahren. Schöne Sandstrände gibt es auch in der Umgebung von Båstad, etwa den *Hemmeslövstrand*, ★ *Mellbystrand*, *Skummelövstrand*. Auskunft: *Båstad Turism (Torget, Köpmansgatan 1, Båstad, Tel. 0431/750 45, Fax 700 55, www.bastad.com).*

Kullaberg-Halbinsel [120 B3]
★ Die Halbinsel, etwa 35 km nördlich von Helsingborg, ist eine der schönsten Ecken Skånes. 200 m fällt der Kullaberg steil zum Meer hin ab. Rundherum finden Sie zerklüftete Felsvorsprünge, verwunschene Grotten und lange Sandstrände. An der Spitze steht *Kullens fyr*, der höchstgelegene Leuchtturm Schwedens mit phantastischem Meerblick. Entlang der Küstenstraße liegen viele kleine, anmutige Orte wie *Skäret, Arild* oder *Viken*. Eine Kaffeepause soll-

Insider Tipp ten Sie unbedingt bei *Flickorna Lundgren* in *Nyhamnsläge* einlegen. Dieses Café ist ein echtes Sommerparadies mit duftendem Bauerngarten und selbst gebackenem Kuchen *(Skäretvägen 19, Tel. 042/34 60 44, www.fl-lundgren.se)*. Einen Besuch lohnen auch die berühmten Werkstätten von *Boda Nova Höganäs (Fabrikverkauf mit Keramik, Glas und Heimtextilien Mo–Fr 10–18 Uhr, Sa 10–16 Uhr, So 11–16 Uhr, Norregatan 4, Höganäs)* und *Höganäs Saltglaserat (Mo–Fr 9–16 Uhr, Juni–Aug. auch Sa 10–13 Uhr, Bruksgatan, Höganäs, Tel. 042/33 83 33)*.

Die Kullaberg-Halbinsel, auf der etwa 25 000 Menschen leben, ist ein sehr gutes Gebiet zum Klettern, Schnorcheln und Baden. Schöne Strände gibt es bei *Farhult* und *Viken*. Auskunft: *Turistbyrå (Stadshuset, Centralgatan 20, Höganäs, Tel. 042/33 77 74, Fax 33 77 62, www.turism.hoganas.se)*.

Torekov **[120 B3]**

★ Das kleine Fischerdorf (1200 Ew.) mit malerischen Holzhäusern, liegt gut 60 km nördlich von Helsingborg direkt am Kattegat. Von hier aus fahren alte Fischerboote zum Naturschutzgebiet *Hallands Väderö* mit Sandstränden und Eichenwäldern *(Anfang Juni–Anfang Aug. tgl. 9–16 Uhr stündlich, Fahrzeit ca. 20 Min., www.vaderobatarna.se)*. Robbensafaris werden ebenfalls ab Torekov angeboten. Sehr zu empfehlen ist das traditionsreiche *Café Solbacken* mit tollem Blick aufs Meer Insider Tipp *(Straße 115 Richtung Torekov, Italienska vägen, Tel. 0431/702 00, €)*. Auskunft: *Torekovs Turistbyrå (Hamnplanen 2, Tel. 0431/36 31 80, Fax 36 45 53, www.torekovturism.net)*.

Tylösand **[120 C3]**

Hier lernen Sie Schwedens Mini-Riviera kennen. Elegante Sommervillen, kilometerlanger Sand-

Bei Viken auf der Kullaberg-Halbinsel finden Sie auch schöne Strände

Tylösand – hier ist nicht nur der Sand fein

strand und ein turbulentes Strandleben sind typisch für diesen Jetsetort (2200 Ew.). Bestes Haus ist die Luxushotelanlage *Tylösand* mit Spa, Spitzenrestaurants und einem großen Angebot an Aktivitäten *(230 Zi., Tylöhusvägen, Tel. 035/305 00, Fax 324 39, www.tylosand.se, €€€).* Es gehört zur Hälfte Per Gessle, dem Sänger der Gruppe Roxette, der aus Tylösand stammt. In *Leif's Lounge* hängt ein Teil seiner goldenen Schallplatten. Im Hotel Tylösand befinden sich eine angesagte Diskothek *(Eintritt 100 SEK, Mindestalter 23 Jahre).*

Herrliche Strände sind der *Tylesand* und der *Östra Stranden,* beide ideal für Kinder. Die nahe gelegenen Flüsse Nissan und Lagan zählen zu den besten Fischgewässern der Gegend. Infos zu Angelzeiten und Fischkarten beim Touristenbüro in Halmstad. Auskunft: *Halmstad Turistbyrå (Halmstad Slott, Halmstad, Tel. 035/13 23 20, Fax 15 81 15, www.halmstad.se).*

VARBERG

[120 B2] Kreischende Möwen, buntes Treiben auf dem Marktplatz, weite Strände im Süden und eine felsige Küste mit warmen Klippen im Norden: Diese Festungsstadt am Kattegat ist ein Erlebnis.

Seit 180 Jahren ist das halländische Varberg (53 000 Ew.) ein bekannter Kur- und Badeort mit einem orientalisch wirkenden Kaltbadehaus direkt am Meer. Die Hafenstadt mit Fährverbindung ins dänische Grenå ist auch Zentrum der schwedischen Hochseefischerei.

SEHENSWERTES

Kurortsviertel

Die fast 200 Jahre alte Kurtradition der Stadt ist auch heute noch zu spüren, beispielsweise in den Kurparks *Brunnsparken* und *Societetsparken.* Hier finden im Sommer auch Konzerte statt.

MUSEUM

Varbergs Festung
Auch Varberg war lange Zeit Kriegsschauplatz zwischen Dänen und Schweden. 1287 baute man direkt am Meer auf einem Felsen eine Festungsanlage, die die Stadt gegen Feinde verteidigen sollte. Bis 1931 diente sie als Gefängnis. Heute sind dort eine Jugendherberge, ein Restaurant sowie ein *Museum* untergebracht. Berühmtestes Museumsobjekt ist der *Bockstensmann*, eine Moorleiche aus dem 14. Jh. mit vollständig erhaltener Kleidung. *Mitte Juni–Mitte Aug. tgl. 10–18 Uhr, Mitte Aug.–Mitte Juni Mo–Fr 10–16 Uhr, Sa, So 12–16 Uhr, Eintritt 30 bis 50 SEK, www.lansmuseet.varberg.se*

ÜBERNACHTEN

Insider Tipp **Fästningens Vandrarhem**
Jugendherberge auf der Festung. Unbedingt Zimmer im *Kronohäktet*, dem ehemaligen Gefängnis, buchen! *74 Betten, davon 24 (3 DZ, 21 EZ) im Gefängnis. Tel. 0340/887 88, Fax 62 70 00, www.turist.varberg.se/vandrarhem,* €

Hotell Varberg
Kleines, gemütliches Stadthotel in zentraler Lage. *17 Zi., Norrgatan 16, Tel. 0340/161 25, Fax 159 02, www.hotellvarberg.nu,* €€

Varbergs Kurort Hotell & Spa
Gönnen Sie sich den Luxus und probieren Sie eine der entspannenden Behandlungen aus. Tangbad in erhitztem Meerwasser ist eine Spezialität dieses Küstenhotels. Schöne Lage direkt am kleinen Apelviksstrand. *106 Zi., Nils Kreugers väg 5, Tel. 0340/62 98 00, Fax 62 98 50, www.varbergskurort.se,* €€€

ESSEN & TRINKEN

Café Apelviksgården
Café in einem echten halländischen Hof. Selbst gebackener Kuchen und frische Waffeln. *Apelviken, ca. 4 km südlich von Varberg,* €

Restaurant Borggården
Einen phantastischen Meerblick und leckeren Fisch bietet das Festungsrestaurant hoch über dem Kattegat. *Mitte Juni–Mitte Aug., Varbergs fästning, Tel. 0340/108 66, www.borggarden.nu,* €€€

FREIZEIT & SPORT

Hochseeangeltouren
Wenn Sie Dorsch, Makrele oder Seewolf fischen möchten, sollten Sie unbedingt an einer Hochseeangeltour teilnehmen. Die Ausrüstung können Sie leihen *(Juni–Aug. tgl., sonst nur Sa, So, Tel. 0340/140 95 oder 121 79, www.fladen.se).*

AUSKUNFT

Varbergs Turistbyrå
Brunnsparken, Tel. 0340/887 70, Fax 61 11 95, www.turist.varberg.se

ZIEL IN DER UMGEBUNG

Ekelund Linneväveriet [120 B1] Insider Tipp
Die alte Leinenweberei etwa 35 km nordöstlich von Varberg in *Horred* bietet Fabrikverkauf (auch zweite Wahl), Führungen *(Mo–Do 11 und 14 Uhr, Fr 11 Uhr)* und ein kleines Museum. Im Laden finden Sie Leinenwaren, Glas, Keramik, Besteck und ein Café *(Varbergsvägen 442).*

Wildnis und alte Kulturlandschaften

Für Outdoorfans und Kulturliebhaber sind Schwedens größte Seen ein ideales Ziel

Schäreninseln, Sandstrände und elchreiche Wälder am Vänern, Klöster, Kirchen und zahlreiche Sehenswürdigkeiten am Vättern: Die Region rund um die beiden größten Seen Schwedens ist von Gegensätzen geprägt. Wer wandern und Kanu fahren möchte, sollte die Regionen Dalsland und Värmland am Vänernsee besuchen. Unendliche Wälder und tiefblaue Seen laden hier zu Ausflügen ein.

Mit einer Fläche von 5648 km² ist der Vänern Schwedens größter Binnensee (106 m tief). 22 000 kleine Schäreninseln, herrliche Sandstrände und malerische Buchten, besonders im elchdichten Südosten machen ihn zu einem einzigartigen Erlebnis. Unbedingt probieren sollten Sie die Spezialitäten dieser Region, wie Vänernlachs, Biber oder Elch.

Tiefblau schimmert der lang gezogene Vättern. Mit 1912 km² ist er Schwedens zweitgrößter See und auch besonders tief; südlich der Insel Visingsö bis zu 128 m. Und er ist sehr fischreich: Aal, Barsch, Felchen, Hecht, Lachs, Lachsforelle und Saibling können Sie angeln. Traumhafte Aussicht auf den Vätternsee bietet eine Fahrt auf der E4 entlang des Ostufers.

Blick vom Omberg auf den Vättern

Kraniche über dem Vänern

Die Regionen Väster- und Östergötland, westlich und östlich des Vänern, sind reich an Kulturschätzen, wie etwa das mittelalterliche Kloster in Vadstena oder das Barockschloss Läckö.

Verbunden werden Vänern und Vättern durch den Göta-Kanal, eine technische Errungenschaft des frühen 19. Jhs., mit beeindruckenden Schleusenanlagen.

JÖNKÖPING

[117 E5] Die lebendige Hauptstadt (118 500 Ew.) der Region Småland am Südufer des Vättern wurde berühmt durch die Streichhölzer, die

Im Tändsticksmuseum in Jönköping

die Brüder Lundström ab 1844 hier produzieren ließen. Das giftige und leicht entflammbare Phosphor wurde ab 1853 durch ungefährlichen roten Phosphor ersetzt. Diese neuen Sicherheitszündhölzer exportierte man in alle Welt, und Schweden erhielt das Weltmonopol. 1971 wurde die Streichholzfabrik in Jönköping geschlossen. Auf dem ehemaligen Fabrikgelände *(Tändsticksområdet)* befinden sich heute das interessante Streichholzmuseum, ein Radiomuseum, Läden mit Kunsthandwerk und Restaurants.

MUSEUM

Tändsticksmuseum
Im einzigen Streichholzmuseum der Welt erfahren Sie alles über die Geschichte des Zündholzes. *Juni bis Aug. Mo–Fr 10–17 Uhr, Sa, So 10 bis 15 Uhr, Sept.–Mai Di–Sa 11–15 Uhr, Eintritt 30 SEK, Tändsticksgränd 27, www.jonkoping.se*

ESSEN & TRINKEN

Mäster Gudmunds Källare
Schwedische Hausmannskost und smäländische Spezialitäten wie Elch, Wildente oder Vätternsaibling stehen in diesem gemütlichen Kellerrestaurant auf der Speisekarte. Am Wochenende: üppiges *smörgåsbord.* Vorher anrufen! *Kapellgatan 2, Tel. 036/10 06 40,* **€€**

M/S Saltkråkan Bar & Kök
Fischrestaurant auf dem Original-Dampfer aus den »Ferien-auf-Saltkråkan«-Filmen von Astrid Lindgren. Auch zum Draußensitzen. *Hamnpiren, Tel. 036/12 53 53,* **€€**

EINKAUFEN

Konsthandverkarna
In der alten Streichholzfabrik verkaufen Künstler ihre Produkte. *Di–Fr 14–18 Uhr, Sa 9–13 Uhr, So 12–16 Uhr, Tändsticksgränd*

Smedbyn
Im 5 km entfernten *Huskvarna*, bekannt durch seine Nähmaschinen, Waffen- und Elektroindustrie, produzieren Kunsthandwerker günstige Waren aus Keramik, Glas oder Holz. *Tgl. 10–18 Uhr, Smedbygatan 3 C, Anfahrt von der E4 auf die Straße 132 Richtung Aneby*

ÜBERNACHTEN

Elite Stora Hotellet
In einem der schönsten Gebäude Jönköpings aus dem 19. Jh. am südlichen Vätternufer ist dieses Hotel untergebracht. *135 Zi., Hotellplan, Tel. 036/10 00 00, Fax 215 50 25, www.elite.se/jonkoping,* €€€

Slottsvillan
Schlossähnliches Hotel mitten in Huskvarna. In dem alten Kutscherhaus neben dem Hauptgebäude gibt es einfachere Zimmer zu günstigeren Preisen. *19 Zi., Hakarpsvägen 3, Tel. 036/14 20 90, Fax 142190, www.slottsvillan.se,* €€

AM ABEND

Huset/Hyde Park Corner
Das Huset ist eine angesagte Diskothek mit den neuesten Hits und zwei Bars. Hyde Park Corner, im selben Haus, ist ein Club mit Musik für die etwas ältere Generation. *Huset Mi–Fr, So 22–2 Uhr, Sa 21–2 Uhr, Hyde Park Corner Fr–Sa 21–02 Uhr, Mindestalter 23 Jahre, So 20 Jahre, Eintritt 40 SEK, Norra Strandgatan 6, Tel. 036/71 02 08*

AUSKUNFT

Jönköpings Turistbyrå
Resecenter, Järnvägstationen, Tel. 036/10 50 50, Fax 10 77 68, www.jonkoping.se

MARCO POLO Highlights »Vänern und Vättern«

★ **Glaskogen**
Wildromantisches Naturreservat in Värmland (Seite 59)

★ **Elchsafari**
Spannende Ausflüge am Hunneberg (Seite 62)

★ **Herrenhof Mårbacka**
Selma Lagerlöfs värmländischer Geburtsort (Seite 59)

★ **Fallens dagar**
In Trollhättan werden die gewaltigen Schleusentore geöffnet (Seite 63)

★ **Barockschloss Läckö**
Märchenschloss am Vänernsee (Seite 63)

★ **Gränna**
Holzhäuser und Zuckerstangen am Vätternsee (Seite 56)

★ **Bootstour**
Auf dem Göta-Kanal durch eine herrliche Landschaft gleiten (Seite 60)

★ **Vadstena**
Malerische Klosterstadt am Vättern (Seite 61)

ZIELE IN DER UMGEBUNG

Gränna **[117 E4]**

★ Kleine Holzhäuser prägen diesen idyllischen Ort (4000 Ew., ca. 30 km nördlich von Jönköping) am Fuß des Grännabergs mit Blick auf den Vättern. Berühmtester Bürger Grännas ist der Polarforscher Salomon August Andrée. Er wollte Ende des 19. Jhs. den Nordpol mit einem Ballon überqueren, starb jedoch auf dieser Expedition. Im *Andréemuseet (Mitte Mai–Mitte Sept tgl. 10–19 Uhr, Juli tgl. 10–20 Uhr, sonst tgl. 11–16 Uhr, Eintritt 40 SEK, Brahegatan 38–40, www.andree.grm.se)* sind Exponate rund um diese Reise ausgestellt.

Seit 1859 werden in Gränna die in ganz Schweden bekannten *polkagrisar* hergestellt, rot-weiße Pfefferminzzuckerstangen. In der *Grenna Polkagriskokeri AB (Brahegatan 39, Tel. 0390/100 39)* können Sie dabei zuschauen und probieren.

Insider Tipp

Hoch über dem Vätternsee liegt das burgähnliche *Romantikhotel Gyllene Uttern (51 Zi., E4 bis Abfahrt Gränna, Tel. 0390/108 00, Fax 418 80, www.gylleneuttern.se, €€€)*. Das Restaurant ist für Fischspezialitäten (Vätternsaibling!) berühmt. Aussichtsterrasse mit Café. Auskunft: *Gränna Turistbyrå (im Andréemuseum, Tel. 0390/410 10, Fax 102 75, www.grm.se)*.

Visingsö **[117 E4]**

Die flache Insel im Vätternsee mit Getreidefeldern und Eichenhainen eignet sich hervorragend für einen Tagesausflug mit dem Schiff ab Gränna *(Fahrzeit 20 Min., Buchung Tel. 0390/410 25)*. Sie können die 2 km breite und 14 km lange Insel mit der Pferdekutsche *Remmalag* oder dem Fahrrad erkunden. Verleih und Infos: *Visingsö Turistbyrå (Hamnen, Tel. und Fax 0390/401 93, www.visingo.net)*.

KARLSTAD

[117 D2] Am Mündungsdelta des Klarälven liegt die Hauptstadt der Region Värmland (81 000 Ew.) an der Nordseite des Vänern. Wegen ihrer vielen Sonnenstunden ist sie auch als »Sonnenstadt« bekannt. Die Universitätsstadt wurde 1584 von Karl IX. gegründet und ist seit 1647 Bischofssitz. Sehenswert ist die Brücke *Östra Bron*, die älteste Steinbrücke Schwedens.

Von Karlstad aus lassen sich sehr gut Ausflüge ins waldreiche Värmland unternehmen.

SEHENSWERTES

Altstadt

Karlstad wurde von mehreren großen Bränden heimgesucht. 1865 wurde die Stadt fast vollständig zerstört, nur sieben von 241 Höfen blieben verschont, wie auch Dom und Bischofssitz. In der *Älvgatan* vermitteln die alten Bürgerhäuser, wie Karlstad vor dem großen Brand von 1865 ausgesehen hat. Auch die Domkirche, erbaut Anfang des 18. Jhs. und das Bischofspalais (1780) stammen noch aus dieser Zeit.

ESSEN & TRINKEN

Auf der *Kungsgatan* finden Sie zahlreiche Pubs und Restaurants.

Glänne Gård

Alter Gasthof mit Restaurant und Hotel, etwa 13 km nördlich von

Karlstad. Schwedische Hausmannskost, günstige, gemütliche Zimmer. *7 Zi., Ulvsby, Tel. 054/66 70 70, Fax 66 70 82, Straße 63 Richtung Filipstad, nach 13 km rechts, www.glanne.com, €*

Källaren Munken

Gemütliches Kellerrestaurant. Sehr gute, aber teure Küche (viel Fisch); in der Brasserie bekommen Sie preisgünstige Gerichte. Thaibuffet. *Västra Torggatan 17, Tel. 054/18 51 50, €€–€€€*

Übernachten

Elite Stadshotellet

Luxushotel am Ufer des Klarälven mit Wellnessbereich, Pub und Diskothek. *139 Zi., Kungsgatan 22, Tel. 054/29 30 00, Fax 29 30 31, www.elite.se, €€€*

Hotell Freden

Günstig, mit persönlicher Atmosphäre. Zentral. Hotel- oder Jugendherbergsstandard. *10 Zi., Fredsgatan 1 A, Tel. 054/21 65 82, Fax 21 55 82, www.fredenhotel.com, €*

Freizeit & Sport

Bootstouren

Empfehlenswert sind die Bootstouren mit der *M/S Vestvåg* durch die Schären im Vänernsee oder mit der *M/S Sola* auf dem Klarälven. Infos beim Touristenbüro.

Am Abend

Blixen Bar

Sehr beliebte Diskothek im Elite Stadshotell. *Sa 21–2 Uhr, Mindestalter 23 Jahre, Eintritt nach 21.30 Uhr 90 SEK, Museigatan 1, Tel. 054/29 30 40*

Auskunft

Karlstad-Hammarö Turistbyrå

Carlstad Conference Centre, Tage Erlandergatan 10 D, Tel. 054/22 21 40, Fax 22 21 41, www.karlstad.se.

Besonderer Erfindergeist

Alfred Nobel

Alfred Nobel (1833–1896) war einer der bedeutendsten Erfinder und Industriellen des 19. Jhs. 1866 entdeckte er das Dynamit. Dieser Sprengstoff spielte für die industrielle Entwicklung eine große Rolle. Nobel war ein ungewöhnlich vielseitig interessierter Mensch. Physik, Chemie, Medizin, Literatur und auch der Weltfrieden beschäftigten ihn sehr. Bei seinem Tod 1896 verfügte Nobel über 355 Patente und ein Vermögen von heute 1,5 Milliarden SEK. In seinem Testament hat er verfügt, dass die Zinsen aus seiner Stiftung jährlich an diejenigen verteilt werden sollen, die im »verflossenen Jahr der Menschheit den größten Nutzen geleistet haben«. Seit 1901 werden am 10. Dezember, dem Todestag Nobels, die Nobelpreise verliehen.

Värmlands Turistråd
Tage Erlandergatan 10 B, Tel. 054/22 25 50, Fax 10 16 22, www.varmland.org

ZIELE IN DER UMGEBUNG

Björkborn **[117 E2]**
Gut 60 km östlich von Karlstad, bei der Stadt *Karlskoga,* liegt der *Herrenhof Björkborn.* Er gehörte Alfred Nobel, der hier die letzten Jahre seines Lebens verbrachte. Wohnräume und eine Rekonstruktion seines Versuchslabors mit Originalinstrumenten können Sie besichtigen *(Juni–Aug. tgl. 10.30–16 Uhr, sonst nur nach Voranmeldung, Eintritt 60 SEK, in Karlskoga auf die Straße 243 Richtung Nora, links auf den Norrleden, rechts in den Nobelkrutsvägen, Tel. 0586/834 94, www.nobelsbjorkborn.t.se).* Auskunft: *Karlskoga Turistbyrå (Kyrkbacken 9, Karlskoga, Tel. 0586/614 74, Fax 619 60, www.karlskoga.se).*

Dalsland **[116 C2–3]**
Schwedens seenreichste Region mit riesigen Wäldern, Heide, Mooren, glasklaren Seen und Wasserläufen ist ein Paradies für Outdoorfans. Hier wimmelt es nur so von Elchen, Füchsen und Bibern. Im Norden schlängelt sich der Dalsland-Kanal, der viele Seen miteinander verbindet, durch die Waldeinsamkeit. Im Sommer jedoch sind auf der fast 250 km langen Wasserstraße zahlreiche Freizeitboote unterwegs. Infos: *Dalslands Kanal AB (Kyrkogatan 14, Åmål, Tel. 0532/104 66, Fax 104 77, www.dalslandskanal.se).* Besonders attraktiv ist Dalsland zum Kanufahren. Verleih und Tipps: *Silverlake Canoeing (Slussen in Bengtsfors, Tel. 0531/121 73).*

Im *Kroppefjäll,* 130 km südwestlich von Karlstad, lockt der Wanderweg *Karolinerleden.* Phantastische Strände am Vänern sind *Vita Sannar Riviera* oder *Näs Sandar* bei Mellerud (120 km von Karlstad). Lokale Spezialitäten wie Bi-

Högsbyen – See und Wald in Dalsland

ber oder Elch gibt es in *Falkholts Gestgifveri (Norebyn bei Dals Långed, Tel. 0531/350 70, www.falkholt.com, €€€).* Auskunft: *Västsvenska Turistrådet (Kungsportsavenyn 31–35, Göteborg, Tel. 031/81 83 00, Fax 81 83 01, www.vastsvenskaturistradet.se, www.dalsland.com).*

Glaskogen **[116 C1–2]**

★ Das wildromantische Naturreservat zwischen *Arvika* (rund 80 km von Karlstad) und *Årjäng* (ca. 100 km entfernt) eignet sich hervorragend zum Wandern und Kanufahren. Günstig übernachten können Sie im *Glava Gästgård (145 Betten, Björkåsen, Glava, Tel. 0570/409 50, Fax 405 25, www.glavagastgard.se, €).* Im *Värdshuset Tvällen* (Insider Tipp) *(ca. 50 km nördlich von Arvika, über Gunnarskog und Fredros, Tel. 0570/77 30 24, www.tvallen.com, €€–€€€)* mitten in der Wildnis stehen Spezialitäten vom Wildschwein, Elch oder Fasan, aber auch Bären auf der Speisekarte. Unbedingt vorher anrufen! Auskunft: *Touristenbüros in Årjäng (Storgatan 64, Tel. 0573/141 36, Fax 141 35, www.arjang.se) und Arvika (Storgatan 22, Tel. 0570/817 90, Fax 817 20, www.arvika.se).*

Sunne und das Frykental **[117 D1]**

Hügel und unendliche Wälder prägen die elchreiche Landschaft rund um den Frykensee. Bekanntester Ort ist das Touristenzentrum Sunne (14 000 Ew.) etwa 70 km nördlich von Karlstad. Es liegt am schmalen Sund zwischen den Seen Övre Fryken und Mellanfryken. Am östlichen Ufer steht der ★ *Herrenhof Mårbacka.* Hier wurde 1858 Selma Lagerlöf geboren (»Gösta Berling«, »Nils Holgersson«). 1909 erhielt sie den Nobelpreis für Literatur und konnte mit dem Preisgeld den elterlichen Hof zurückkaufen, den ihre Familie 1907 in finanzieller Not verlassen musste. Sie lebte hier bis zu ihrem Tod 1940. Besichtigung nur mit Führung *(Mitte Mai–Juni, Aug. tgl. 10–16 Uhr, Juli tgl. 10–17 Uhr, Sept. Sa, So 10–14 Uhr, Okt. bis Mitte Mai Sa 14 Uhr, Eintritt 60 SEK, www.marbacka.s.se).*

Ebenfalls einen Besuch lohnt *Rottneros,* eine schöne Parkanlage mit 100 Skulpturen am westlichen Ufer des Fryken *(Eintritt 100 SEK).* Toll für Outdoorfans sind spannendes Riverrafting oder eine Floßfahrt auf dem Klarälven.

Direkt am Frykensee liegt der Herrenhof *Länsmansgården (28 Zi., Ulfsby Herrgård, Tel. 0565/140 10, Fax 71 18 05, 4 km nördlich von Sunne, www.lansman.com, €€ bis €€€).* Die Gösta-Berling-Suite (Insider Tipp) hat einen tollen Seeblick. Auskunft: *Sunne Turistbyrå (41 Kolsnäsvägen, Sunne, Tel. 0565/164 00, Fax 164 60, www.sunne.info).*

MOTALA

[117 E3] Das Industriestädtchen (42 000 Ew.) an einer malerischen Bucht steht ganz im Zeichen des Göta-Kanals, der hier in den Vättern mündet. Direkt am Kanal liegt das Grab Graf Baltzar von Platens, dem Erbauer des Kanals. Um den umständlichen Weg um die schwedische Südküste zu umgehen, ließ er diese wichtige Wasserstraße zwischen Göteborg und Stockholm anlegen und machte sich dabei die vielen Seen und Wasserläufe zu

Nutze. 1832 wurde der Kanal eingeweiht. Doch schon bald verlor er durch Automobil und Eisenbahn an wirtschaftlicher Bedeutung. Als Touristenattraktion lockt er aber jedes Jahr über 2 Mio. Besucher an. Von Platen gründete 1822 auch *Motala Verkstad*, die älteste Maschinenfabrik Schwedens.

SEHENSWERTES

Motala Verkstad

Die alten Docks und Fabrikhallen aus Motalas Blütezeit liegen etwa 1 km außerhalb an der Straße 36 Richtung Borensberg und lohnen auf jeden Fall einen Spaziergang. *Das Gelände ist frei zugänglich*

MUSEUM

Kanalmuseum

Um Bau und Geschichte des Göta-Kanals geht es in diesem kleinen Museum. Es ist in zwei Pavillons am Kanal auf dem alten Werkstattgelände außerhalb von Motala untergebracht. *Mai–Sept. tgl. 10 bis 15 Uhr, Eintritt frei, an der Straße 36 Richtung Borensberg*

ÜBERNACHTEN

Insider Tipp Göta Hotell

Urgemütliches, traditionsreiches Hotel in roter Holzvilla in romantischer Göta-Kanalidylle im 18 km entfernten Borensberg. *12 Zi., Götagatan 2, Tel. und Fax 0141/400 60, www.gotahotell.se, €€*

FREIZEIT & SPORT

Bootstour

★ Machen Sie eine entspannende Bootstour, und genießen Sie die wunderschöne Landschaft. 5-stündige Touren auf dem Göta-Kanal von Motala nach Borensberg und zurück auf dem *M/S Kung Sverker* bietet *Motala Kanaltrafik AB (Di–So 10.30–15.30 Uhr, 200 SEK, ab Motala Hamn, Tel. 0141/585 06 oder 070/626 02 49).*

Radfahren

Jedes Jahr werden in Motala Radrennen veranstaltet, u. a. *Vätternrundan*, Schwedens größtes Radrennen einmal rund um den Vätternsee. Räder können Sie mieten bei *Intersport (Drottninggatan 23, Tel. 0141/21 01 28)* oder *Motala Cykeluthyrning (am Hafen, Tel. 0141/521 11).*

AUSKUNFT

Motala Turistbyrå

Göta kanalbolaghuset, Hamnen, Tel. 0141/22 52 54, Fax 21 45 57, www.motala.se

ZIELE IN DER UMGEBUNG

Berg [117 F3]

In diesem winzige Ort am Göta-Kanal (knapp 50 km östlich von Motala) befindet sich eine riesige, sehenswerte Schleusentreppe mit 18 Schleusen. Besonders spannend ist es, wenn die alten Touristendampfer zum Roxensee geschleust werden. Sie müssen einen Höhenunterschied von 37 m überwinden. Der Teilabschnitt zwischen den Kanalorten *Borensberg* und *Berg* gehört zu den schönsten des Göta-Kanals.

Linköping [117 F4]

Die traditionsreiche Bischofs- und Universitätsstadt (135 000 Ew., 45 km östlich von Motala) ist die

Berg am Göta-Kanal. Im Hintergrund die »Juno«

Hauptstadt der Region Östergötland. Sehenswert ist das *Freilichtmuseum Gamla Linköping* mit einer kleinen Stadt aus dem 18. und 19 Jh. Viele Kunstgewerbeateliers *(Läden und Museen Mo–Fr 10–17.30 Uhr, Sa, So 11–16 Uhr, das Gelände ist aber ständig frei zugänglich)*. Ansehen sollten Sie sich auch den *Dom* aus dem 12. Jh. mit wuchtiger Barockkanzel und Flügelaltar. Auskunft: *Linköpings Turistbyrå (Quality Hotel Ekoxen, Klostergatan 68, Tel. 013/20 68 35, Fax 12 19 03, www.linkoping.se)*.

Örebro **[117 E–F2]**

Stattliches Wahrzeichen der alten Handelsstadt (126 000 Ew., 95 km nördlich von Motala) am See Hjälmaren ist das *Schloss* aus dem 13. Jh. auf einer Insel im Fluss Svartån. Es wurde im 16. Jh. im Wasastil mit vier mächtigen Rundtürmen umgebaut. Ebenfalls sehenswert: der alte Stadtteil *Gamla Wadköping*, heute ein Freilichtmuseum mit Häusern aus dem 16. bis 19. Jh. *(Di–So 11 bis 16 Uhr, Eintritt frei)*. Auskunft: *Destination Örebro (Örebro Slott, Tel. 019/21 21 21, Fax 10 60 70, www.orebro.se/turism)*.

Rök **[117 E4]**

Etwa 40 km südwestlich von Motala steht Schwedens größter und bedeutendster Runenstein. Der Wikingerhäuptling Varin ließ den Rökstenen Anfang des 9. Jhs. zur Erinnerung an seinen verstorbenen Sohn Värmod aufstellen. Rund 700 Zeichen wurden in den 2,5 m hohen Stein geritzt.

Vadstena **[117 E3–4]**

★ Alte Holzhäuser und enge Gassen prägen dieses mittelalterliche Städtchen (7600 Ew., 6 km südwestlich von Motala) am Vättern. Dank des berühmten *Birgittaklosters* aus dem 14. Jh. war es lange kulturelles Zentrum des Landes. Birgitta Gudmarsson (1303–1373), gründete den Orden der Birgittiner und ein Kloster für Mönche und Nonnen. Sie lebten in verschiedenen Gebäuden, nur die *Blaue Kirche* (1430) wurde geteilt. Ihren Namen verdankt sie dem blaugrauen Stein, aus dem sie gebaut wurde. Birgitta wurde 1391 heilig gesprochen. In der gotischen *Klosterkirche (Mai tgl. 9–17 Uhr, Juni, Aug. tgl. 9–19 Uhr, Juli tgl. 9–20 Uhr)* wird ihr Schädel aufbewahrt. Im *Sancta Birgitta Klostermuseum* dreht sich alles um Leben und Wirken der hl. Birgitta und das Kloster *(Juni–Aug. tgl. 11–17 Uhr, Do bis 20 Uhr, Sept. Sa, So 11–17 Uhr, Eintritt 40 SEK, Jungfrustigen 1)*.

Das *Vadstena Slott* aus dem 16. Jh. ließ Gustav Wasa als Verteidigungsanlage errichten. Später wurde es zu einem eleganten Renaissanceschloss umgebaut. Heute werden dort Opern aufgeführt und Konzerte veranstaltet. Die verschiedenen Säle und die Schlosskirche können Sie besichtigen *(Juni, Aug. Mo–Fr 10–18 Uhr, Sa, So 11–18 Uhr, Juli tgl. 10–19 Uhr, Mai, Sept. Mo–Fr 11–16 Uhr, Eintritt 40 SEK)*. Historisches Klosterambiente bietet Insider Tipp das *Vadstena Klosterhotel* direkt am Vätternsee *(Klosterområdet, Tel. 0143/315 30, Fax 136 48, www.klosterhotel.se,* **€€€***)*. Auskunft: *Vadstena Turistbyrå (Vadstena Slott, Tel. 0143/315 70, Fax 315 79, www.vadstena.com)*.

VÄNERSBORG

[116 C4] Die idyllische Kleinstadt (37 000 Ew.) liegt an der südlichen Spitze des Vänernsees. Die Gegend östlich der Stadt rund um die 155 m hohen Plateauberge Halle- und Hunneberg (Naturreservat) zählt zu den elchreichsten Regionen Schwedens. Kein Wunder, dass die große Attraktion hier Elchsafaris sind.

MUSEUM

Kungajaktmuseet

Im 5 km entfernten *Vargön* erfahren Sie alles über den Elch und die traditionelle Elchjagd der schwedischen Könige auf dem Hunneberg. *Jan.–April und Sept.–Dez. Di–So 11 bis 16 Uhr, Mai–Aug. tgl. 10–18 Uhr, Juli, Aug. Di und Do bis 20 Uhr, Eintritt 60 SEK, Älgens Berg, www.kungajaktsmuseum.se*

ÜBERNACHTEN

Ronnums Herrgård

Luxushotel in traumhaftem Herrenhof, etwa 3 km östlich von Vänersborg an der Südspitze des Vänern. *60 Zi., Ronnum, Vargön, Tel. 0521/26 00 00, Fax 26 00 09, www.softwarehotels.se/ronnum,* **€€€**

FREIZEIT & SPORT

Elchsafari

★ Von Vänersborg aus werden Bustouren zum Hunneberg angeboten, auf denen Sie viele Informationen (auch auf Deutsch) rund um den Elch erhalten. Und mit etwas Glück klappt's auch mit einem Elch für ein Erinnerungsfoto. *Juli–Mitte Aug. Di–Do 19 Uhr, 3 Std., 240 SEK, Abfahrt ab Bahnhof in Vänersborg, Buchung beim Touristenbüro*

AUSKUNFT

Vänersborgs Turist

Järnvägsstationen, Tel. 0521/27 14 00, Fax 27 14 01, www.vanersborg.se

ZIELE IN DER UMGEBUNG

Lidköping **[117 D3]**

Das hübsche Städtchen (37 000 Ew., 65 km nordöstlich von Vänersborg) mit alten Handelshäusern liegt an der malerischen Vänernbucht Kinneviken, die sich gut zum Baden und Windsurfen eignet.

25 km nördlich von Lidköping steht auf einer Halbinsel im Vänern das traumhafte ★ *Barockschloss Läckö (Mai–Aug. tgl. 11–17 Uhr, Sept. tgl. 11–14 Uhr, Eintritt 70 SEK, Tel. 0510/103 20, www.lackoslott.se)*, in dem Ausstellungen und im Sommer Konzerte stattfinden. Es gibt ein Restaurant *(€€)* und eine Badestelle.

Die schöne Landschaft Västergötlands können Sie auf dem 45 km langen *Rundwanderweg Kinnekulleleden* erkunden. Der beste Ausgangspunkt ist das Restaurant *Vin & Pimpinella* auf dem Berg Högkullen. In südlicher Richtung wandert man dann über *Martorp, Jerneklev, Blomberg, Råbäck* bis nach *Hällekis*. Dann geht es wieder bergauf zurück zum Högkullen. Vom Aussichtsturm Högkullen haben Sie einen traumhaften Blick auf den Vänern. Auskunft: *Götene-Lidköping Vänern Turist AB (Stationshuset, Bangatan 3, Tel. 0510/77 05 00, Fax 77 04 64, www.lidkoping.se)*.

Trollhättan **[116 C4]**

Die Industriestadt (53 000 Ew.), etwa 15 km südlich von Vänersborg, ist bekannt für den gigantischen *Wasserfall des Göta älv* und seine riesige *Schleusenanlage*. Der Fluss hat hier eine Fallhöhe von 32 m. Im 18. Jh. wurde mit dem Bau einer Schleusenanlage begonnen, die später mehrmals erweitert wurde. Spektakuläres Ereignis in Trollhättan sind die ★ *Fallens dagar* im Juli. Dann werden die riesigen Schleusentore geöffnet *(12–20 Uhr alle 2 Std., um 23 Uhr mit angestrahlten Schleusen)* und ein viertägiges großes Volksfest mit Handwerkermesse, Musik und Tanz, gefeiert. Bei jeder Öffnung rauschen bis zu 450 000 l Wasser pro Sekunde durch die Schleusen. Bei den Kostproben *(Mai–Juni Sa, So, Juli, Aug. Mi, Sa, So jeweils 15 Uhr)* sind die Wassermengen nicht ganz so imposant. Am besten sehen Sie von der Brücke Oscarsbron. Auskunft: *Visit Trollhättan AB (Åkerssjövägen 10, Tel. 0520/48 84 72, Fax 48 84 08, www.visittrollhattan.se)*.

Barockschloss Läckö

Wälder, Seen und schöne Inseln

Stille und Abgeschiedenheit auf dem Festland, lange Sandstrände auf den Inseln

Ein rotes Holzhaus am See, endlose Wälder und jede Menge Elche – das typische Schwedenbild ist in Småland Wirklichkeit. Hier finden Sie unberührte Natur, fischreiche Gewässer und riesige Blaubeerfelder. Mittendrin liegt das *Glasriket* mit seinen traditionellen Glashütten.

Besonders bekannt ist Småland aber durch Astrid Lindgren, die in der Nähe von Vimmerby aufwuchs. Für Familien mit Kindern ein Muss: der Park *Astrid Lindgrens Värld.*

Unzählige Schäreninseln prägen die lange Ostküste Smålands, und Östergötlands. Ein Paradies zum Baden und Segeln. Gotland und Öland, die Sonneninseln in der Ostsee mit langen Sandstränden sind perfekt zum Radfahren und ideal für einen Urlaub mit Kindern.

Pippi im Märchendorf Vimmerby

GOTLAND

[119 E4–6] Total unschwedisch ist sie, Schwedens größte Insel in der Ostsee (3140 km², 58 000 Ew.). Fast 100 km vom Festland entfernt, ist das Klima viel milder, die Vegetation entsprechend vielfältiger und üppiger, sogar Orchideen blühen hier. Bizarre Felsformationen, *raukar,* sind ebenfalls typisch für die Insel und einzigartig an schwedischen Küsten. Kein Wunder also, dass sich die Gotländer auch sonst eher als ein eigenes Völkchen fühlen, mit einem besonderen Dialekt und einer eigenen Flagge.

Schon unter den Wikingern entwickelte sich Gotland mit seiner Hauptstadt Visby zu einem wichtigen und reichen Handelszentrum. 1361 beendetet der Dänenkönig Valdemar Atterdag die Blütezeit. Gotland wurde geplündert und fiel erst 1679 zurück an Schweden. Heute ist dieses Paradies in der Ostsee ein beliebtes Urlaubsziel vor allem schwedischer Touristen, ein Eldorado für Surf- und Segelfans, ideal zum Radfahren und natürlich zum Baden.

Windmühle auf Öland

Und Gotland hat wichtige Kulturschätze: Grabfelder aus der Bronzezeit, Runensteine der Wikinger und rund 100 Kirchen. *Fähre ab Nynäshamn oder Oskarshamn (mehrmals tgl., Fahrzeit ca. 3 Std., www.destinationgotland.se)*

SEHENSWERTES

Insider Tipp **Fårö** [119 E–F4]
Bizarre Felsformationen, lange Sandstrände und natürlich Schafe sind typisch für die »Schafinsel« an der Nordspitze Gotlands. Die schönsten *raukar* gibt es bei *Digerhuvud* an der Westküste. Touristisch noch nicht überlaufen, ist diese kleine Perle unbedingt einen Besuch wert *(Unterkünfte: Tel. 0498/22 16 94, www.guteinfo.com/fstugor)*. Kostenlose Fähre ab *Fårösund (Dauer ca. 6 Min., 4.30–23 Uhr halbstündlich, 24–4 Uhr stündlich)*.

Kneippbyn [119 E5]
Kleiner Ort 4 km südlich von Visby, bekannt für seinen *Freizeitpark Sommarland* mit der Villa Kunterbunt von Pippi Langstrumpf *(wechselnde Öffnungszeiten und Eintrittspreise, www.kneippbyn.se)*.

Raukar
Felsformationen aus Kalkstein, die im Laufe der Jahrtausende durch Erosion ihre längliche Gestalt erhielten. Die schönsten liegen bei *Lickershamn* (Nordwesten), *Folhammar* (Osten), *Lergrav* (Nordosten), *Holmhällar* (Süden) und auf *Fårö*.

Stora und Lilla Karlsö [119 E6]
Die urtümlichen Inseln mit Schafen, Orchideenwiesen und vielen Vögeln (Vogelschutzgebiet) vor Klintehamn an Gotlands Westküste sind ideale Ausflugsziele. *Fähre nach Stora Karlsö ab Klintehamn (Tel. 0498/24 05 00), nach Lilla Karlsö ab Djupvik (Tel. 0498/24 11 39).*

Visby [119 E5]
Kopfsteinpflastergassen, duftende Rosenbüsche, alte Handelshäuser mit stattlichen Treppengiebeln machen das Flair der einstigen Hansestadt aus. Ihr mittelalterlicher Kern mit vielen kleinen Geschäften, Cafés und Restaurants ist gut erhalten und liegt innerhalb einer 3,5 km langen und 11 m hohen Stadtmauer, dem Wahrzeichen Visbys. In der ehemaligen Hansestadt (ca. 20 000 Ew.) ist auch heute noch der Einfluss deutscher Kaufleute zu erkennen, etwa an den Straßennamen. Von den ehemals 13 Kirchen sind inzwischen zehn Ruinen, nur in der *Sta. Maria kyrka,* der Domkirche (1225), wird noch Gottesdienst gehalten. Seit 1995 gehört Visby zum Weltkulturerbe der Unesco.

MUSEUM

Gotlands fornsal [119 E5]
Historisches Museum mit einem Überblick vom Steinzeitalter bis zur zur Neuzeit. Runensteine, Ritterrüstungen, Gold- und Silberschätze, ein doppelstöckiger Keller aus der Hansezeit und eine Kaufmannsstube gehören zu den interessanten Exponaten. *Mitte Mai–Aug. tgl. 10–17 Uhr, Sept.–Mitte Mai Di–So 12–16 Uhr, Eintritt 60 SEK, Strandgatan 14, Visby, www.gotmus.i.se*

ESSEN & TRINKEN

Donners Brunn [119 E5]
Historisches Kellerrestaurant. Internationale Küche und köstliche got-

ländische Spezialitäten wie Safranpfannkuchen. *Donners Plats 3, Visby, Tel. 0498/27 10 90,* €€–€€€

ÜBERNACHTEN

Insider Tipp

Ljugarns Badpensionat [119 E5–6]
Gemütliche Pension in Ljugarn. Strandnähe. *26 Zi., Bollängsvägen 8, Tel. 0498/49 32 05, Fax 49 33 08, www.badpensionatet.se,* €€

Wisby Hotell [119 E5]
Mittelalterliche Atmosphäre prägt das luxuriöse Hotel mitten in Visby. *134 Zi., Strandgatan 4, Tel. 0498/25 75 00, Fax 25 75 50, www.wisbyhotell.se,* €€€

FREIZEIT & SPORT

Strände
Herrliche Sandstrände finden Sie bei *Tofta* an der Westküste, *Katthammarsvik* und *Ljugarn* an der Ostküste oder bei *Sudersand* auf Fårö.

AUSKUNFT

Gotlands Turistförening und Visby Turistbyrå [119 E5]
Hamngatan 4, Visby, Tel. 0498/20 17 00, Fax 20 17 17, www.gotland.info. Auch nützlich: *www.guteinfo.com* und *www.gotland.net*

KALMAR

[121 F3] ★ 60 000 Menschen leben in der bedeutenden Hafen- und Hansestadt am Kalmarsund gegenüber der Insel Öland. Barock- und Renaissancegebäude, alte Stadttore, viele kleine Läden, Parks und Cafés verleihen der Kleinstadt eine besondere Atmosphäre. Der Ort ist ein guter Ausgangspunkt für Ausflüge ins Glasriket und nach Öland.

SEHENSWERTES

Kalmar Slott
Kanonen, Wachtürme und Wallgraben prägen das gewaltige Schloss, in dem 1397 die Kalmarer Union, der Zusammenschluss der Königreiche Dänemark, Norwegen und Schweden, beschlossen wurde. Im 16. Jh. ließ Gustav Wasa die mittelalterliche Trutzburg zu einem prachtvollen Renaissanceschloss umbauen. *April, Mai, Sept. tgl. 10–16 Uhr, Juni, Aug. tgl. 10–17 Uhr, Juli tgl. 10–18 Uhr, Eintritt 75 SEK, www.kalmarslott.kalmar.se*

MARCO POLO Highlights »Die Ostküste«

★ **Söderköping**
Malerischer Ort am Göta-Kanal (Seite 70)

★ **Glasriket**
Traditionsreiche Glashütten (Seite 72)

★ **Öland**
Strand, alte Mühlen und die Stora Alvaret (Seite 68)

★ **Kalmar**
Idyllisches Hansestädtchen an der Ostsee (Seite 67)

Das Kalmar Slott umgeben von Wasser

Kvarnholmen
1647 brannte die Holzstadt Kalmar ab und wurde auf der Insel Kvarnholmen wieder aufgebaut. Heute finden Sie in diesem wunderschönen Altstadtviertel rund um den Stortorget viele sorgfältig renovierte Häuser, das malerische mittelalterliche Rathaus und die Domkirche.

MUSEUM

Kalmar läns museum
Die Reste eines großen Kriegsschiffes aus dem 17. Jh. können Sie hier besichtigen. Wie die Vasa in Stockholm war auch die Kronan mit Waffen und Munition beladen, als sie 1676 sank. *Jan.–Mitte Juni und Mitte Aug.–Dez. Di–Fr 10–16 Uhr, Sa, So 11–16 Uhr, Mitte Juni–Mitte Aug. tgl. 10–18 Uhr, Eintritt 50 SEK, Skeppsbrogatan 51, Ångkvarnen, www.kalmarlansmuseum.se*

ESSEN & TRINKEN

Rund um den *Larmtorget* finden Sie viele Kneipen und Restaurants.

Källaren Kronan
Schwedische Hausmannskost in historischem Ambiente. *Ölandsgatan 7, Tel. 0480/41 14 00,* €€

ÜBERNACHTEN

Comfort Hotel Packhuset
Gemütliches Hotel mit maritimem Flair direkt am Kai. *68 Zi., Skeppsbrogatan 26, Tel. 0480/570 00, Fax 866 42, www.packhuset.se,* €€€

AUSKUNFT

Kalmarturism AB/
Kalmar Turistbyrå
Ölandskajen 9, Tel. 0480/ 41 77 00, Fax 41 77 20, www.kalmar.se/turism

ÖLAND

[121 F1–3] ★ Sonne satt, ein breites Angebot an sportlichen Aktivitäten und superlange Sandstrände machen Öland (23 000 Ew.) zu einem überaus beliebten Ferienziel auch bei den Schweden. Sogar die schwedische Königsfamilie verbringt ihren Sommerurlaub hier.

Besonders für Radfahrfans und Familien mit Kindern ist die Insel, die über die gut 6 km lange Öland-Brücke mit dem Festland bei Kalmar verbunden ist, hervorragend geeignet.

Auf einer Fläche von fast 140 km Länge und knapp 16 km Breite bietet Öland Wald, Wiesen, Felsküste und flache Buchten und die berühmte Kalksandsteinsteppe *Stora Alvaret,* die zum Unesco-Weltkulturerbe gehört. Und es gibt auf Öland rund 400 typische Windmühlen und zahlreiche Stätten aus vorgeschichtlicher Zeit – Gräber, Runensteine oder Steinsetzungen.

SEHENSWERTES

Borgholm [121 F2]
Rummel, Billigläden und massenweise Touristen prägen den Hauptort (3000 Ew.) Ölands. In der Nähe der Stadt liegt die Ruine der ehemaligen *Burg Borgholm,* die 1806 bis auf ein paar Mauern abbrannte *(April, Sept. tgl. 10–16 Uhr, Mai, Juni, Aug. tgl. 10–18 Uhr, Juli tgl. 10–20 Uhr, Eintritt 50 SEK, www.borgholm.se/slottet).* Im Juli finden in der Ruine Konzerte statt *(www.olandsturist.se).*

Bei Borgholm liegt auch *Schloss Solliden,* die Sommerresidenz der Königsfamilie. Nur der große Park ist für die Allgemeinheit geöffnet *(Mitte Mai–Sept. tgl. 11–18 Uhr).* Jedes Jahr am 14. Juli haben Sie jedoch die Möglichkeit, die volksnahe Königsfamilie live zu erleben. An diesem Tag hat nämlich Kronprinzessin Victoria Geburtstag, und der wird groß gefeiert auf Öland, mit Geburtstagsständchen und Blumen von der Bevölkerung.

Byerums raukar [121 F2]
Von Meer und Wind bizarr geformt sind diese eindrucksvollen Kalksteinformationen an der Westküste.

Karums Alvar [121 F2]
Großes Gräberfeld aus der Eisenzeit, 15 km südlich von Borgholm mit der langen schiffsförmigen Steinsetzung *Arche Noah.*

Långe Jan [121 F3]
Schwedens höchster Leuchtturm (41,6 m) steht an der Südspitze Ölands. Nach 197 Treppenstufen eröffnet sich ein toller Blick.

Stora Alvaret [121 F3]
Riesige Kalksandsteinsteppe im Süden der Insel mit teilweise mediterran anmutender Vegetation. Im Frühjahr ein einziges Blütenmeer.

MUSEUM

VIDA Konsthall [121 F2]
Bertil Vallien und Ulrica Hydman-Vallien, berühmte schwedische Glasdesigner, stellen hier ihre Objekte aus. Außerdem Kunst aus den frühen 60er-Jahren bis zum Allerneuesten auf den Gebieten Skulptur, Glas, Keramik, Malerei und Design. *April Sa, So 10–17 Uhr, Mai bis Mitte Juni tgl. 10–17 Uhr, Mitte Juni–Mitte Aug. tgl. 10–19 Uhr, Eintritt 4 SEK, an der Straße 136 bei Halltorp, www.vidamuseum.com*

ESSEN & TRINKEN

Sandviks Kvarn [121 F2]
Gemütliches Restaurant in uralter Windmühle. Öländische Spezialitä-

ten. *Sandvik bei Löttorp, Tel. 0485/261 72, €–€€*

Insider Tipp **Värdshuset Briggen Tre Liljor** [121 F2]
Altes Brauhaus aus dem 17. Jh. mit öländischem Ambiente. Günstige Zimmer. *20 Zi., Lofta, Anfahrt über die Straße 136, ca. 25 km nördl. von Borgholm, Tel. 0485/264 00, www.briggentreliljor.com, €€*

EINKAUFEN

Auf Öland gibt es zahlreiche Glasbläsereien und Handwerkerateliers.

Insider Tipp **Paradisverkstan** [121 F3]
Keramik, Glas und Möbel in schönem skandinavischen Design am Strand südlich der Öland-Brücke. *Mo–Fr 10–18 Uhr, Sa, So 10–17 Uhr, Snäckstrand, Färjestaden*

ÜBERNACHTEN

Insider Tipp **Blendas Pensionat** [121 F2]
Liebevoll eingerichtete Privatpension in alter Holzvilla am Hafen in Borgholm mit einfachen, günstigen Zimmern. Selbstversorgung. *11 Zi., Villagatan 3, Tel. 0485/106 78, €*

Insider Tipp **Eksgården** [121 F3]
Einfache, nette Zimmer in einer typisch öländischen Hofanlage. *13 Zi., 2 Ferienhäuser, bei Gårdby, ca. 15 km südlich von Färjestaden, Tel. 0485/330 01, Fax 334 34, www.eksgarden.nu, €–€€*

FREIZEIT & SPORT

Radfahren
Überall auf Öland, z. B. auf Campingplätzen oder bei *Hallbergs Hojjar (Borgholm, Köpmangatan 19, Tel. 0485/109 40)* können Sie Räder mieten.

Strände
Kinderfreundliche Sandstrände gibt es bei *Böda* und *Högby*. Große Campingplätze in der Nähe, daher leider sehr überlaufen.

AM ABEND

Borgholm Strandhotel [121 F2]
Hier ist Party angesagt! *Disko und Bar nur Mitte Juni–Anfang Aug., Eintritt Mo–Do 60 SEK, Fr 80 SEK, Sa, So 100 SEK, Mindestalter 20 Jahre, Villagatan 4, Borgholm, Tel. 0485/888 88*

AUSKUNFT

Träffpunkt Öland [121 F3]
An der Brücke in Färjestaden, Tel. 0485/56 06 00, Fax 56 06 05, www.olandsturist.se

SÖDERKÖPING

[118 C3–4] ★ Romantisch am Göta-Kanal liegt dieses idyllische Städtchen (7000 Ew.) mit buckeligen, engen Kopfsteinpflastergassen, bunten Holzhäusern und einem hübschen Rathaus aus dem 18. Jh. Sehenswert sind die beiden Kirchen *Drothem* und *St. Laurentii* aus dem 13. Jh. Vom *Ramundaberget* haben Sie einen schönen Blick auf die Stadt.

Zu Beginn des 19. Jhs. entdeckte man hier eine Mineralquelle, Söderköping wurde zu einem bekannten Kurort. Aufschwung erfuhr die Stadt eine Zeit lang durch den Göta-Kanal, der 1832 im kleinen Mem bei Söderköping eingeweiht wurde.

Der Göta-Kanal gibt Söderköping ein romantisches Flair

ESSEN & TRINKEN

Göta Källare
Schwedische Hausmannskost in einem alten Speicher am Kanal. *Bergsvägen 3, Tel. 0121/156 55, €€*

ÜBERNACHTEN

Romantik Hotel Söderköpings Brunn
Altes Kurhotel in der Nähe des Göta-Kanals. *103 Zi., Skönbergagatan 35, Tel. 0121/109 00, Fax 139 41, www.soderkopingsbrunn.se, €€€*

AUSKUNFT

Söderköpings Turistbyrå
Margaretagatan 19, Tel. 0121/181 60, www.soderkoping.se

ZIEL IN DER UMGEBUNG

Norrköping **[118 C3]**
Die alte Arbeiterstadt (124 000 Ew., 17 km nordwestlich von Söderköping) war berühmt für ihre Textilfabriken und Baumwollspinnereien. Die Fabrikgebäude aus dem 18. und 19. Jh. stehen immer noch am Fluss Motala Ström. Architektonisch besonders schön ist das »Bügeleisenhaus« (1917). Auskunft: *Destination Norrköping (Dalsgatan 16, Tel. 011/15 50 00, www.destination.norrkoping.se).*

St. Annas Skärgård **[119 D4]**
Ein Urlaubsparadies sind die Schären von St. Anna, rund 40 km südöstlich von Söderköping. Sie laden zum Baden, Segeln und Entspannen ein *(www.sanktanna.se).*

VÄXJÖ

[121 D2] Växjö (75 000 Ew.) liegt an einer großen Seenplatte und war schon in der Wikingerzeit wichtiges Handelszentrum. Seit 1172 ist die Domstadt Bischofssitz.

MUSEEN

Utvandrarnas Hus
Hungersnöte ließen zwischen 1850 und 1930 rund 1 Mio. Schweden nach Amerika auswandern. Hier wird ihre Geschichte dokumentiert. *Juni–Aug. Mo–Fr 9–18 Uhr, Sa, So*

11–16 Uhr, Sept.–Mai Mo–Fr 9–16 Uhr, Eintritt 40 SEK, Vilhelm Mobergs gatan 4, www.svemi.nu

ÜBERNACHTEN

Hotell Teaterparken
Direkt neben dem Konzerthaus liegt dieses komfortable Hotel. *76 Zi., V. Esplanaden 12, Tel. 0470/ 399 00, Fax 475 77, www.vaxjokonserthus.se, €€€*

AUSKUNFT

Växjö Turistbyrå
Norra Järnvägsgatan, Tel. 0470/ 414 10, Fax 478 14, www.turism.vaxjo.se, www.visitsmaland.com

ZIELE IN DER UMGEBUNG

Glasriket **[121 E2–3]**
★ Mitten in den småländischen Wäldern (50 km östlich von Växjö) versteckt sich das Glasriket (Glasreich), benannt nach den traditionsreichen Glashütten der Gegend. 1742 wurde mit *Kosta* die erste Glashütte Schwedens gegründet. An die 200 Hütten folgten. Heute sind noch 15 in Betrieb, die Sie besichtigen können *(Glasbruk* steht auf den Hinweisschildern). Sie stellen Gebrauchsglas und Designerstücke her. In den Shops können Sie zu Fabrikpreisen kaufen, z. B. bei *Boda Glasbruk (Tel. 0481/424 10)* und *Kosta Glasbruk (Tel. 0478/ 345 00, www.kostaboda.se), Orrefors Glasbruk (Tel. 0481/341 89, www.orrefors.se).*

An der Straße zwischen Kosta und Orrefors, ca. 3 km von Kosta, liegt *Grönåsens älgshop (erkundigen Sie sich bitte telefonisch nach den Öffnungszeiten, Tel. 0478/ 507 70)* mit einer riesigen Auswahl an Elchsouvenirs und lebenden Elchen im *älgpark (Eintritt 25 SEK).* Insider Tipp

Übernachten können Sie im gemütlichen *Det danske pensionat*

In einer der traditionsreichen Glasbläsereien bei Växjö

(15 Zi., Vidinge Gård, Älghult, Tel. und Fax 0481/632 37, www.vidingegaard.com, €€).

Insider Tipp **Vetlanda** **[121 E1]**
In einen regelrechten Goldrausch verfallen Sie womöglich gut 70 km nördlich von Växjö. Hier herrscht Clondyke-Feeling, denn Vetlanda ist in Schweden bekannt als Stadt der Goldwäscher. Bei *Ädelfors* am kleinen Fluss Emån können Sie Ihr Glück versuchen. *Ende Juni bis Mitte Aug. tgl. 10–18 Uhr, mit Anleitung 250 SEK, ohne 150 SEK, Anfahrt über Straße 23 und 31 Richtung Vetlanda, dann auf die 127 Richtung Oskarshamn*

Vimmerby

[121 E1] In dieser alten småländischen Kleinstadt (16 000 Ew.) dreht sich alles um die berühmteste Kinderbuchautorin der Welt. Hier wurde Astrid Lindgren 1907 auf dem Hof Näs geboren, hier wuchs sie auf – ihr allein hat die sonst eher unscheinbare Stadt ihre Bekanntheit zu verdanken. In *Astrid Lindgrens Värld,* dem großen Erlebnispark *(siehe S. 100),* stehen die Kinder im Mittelpunkt.

Sehenswertes

Astrid Lindgren Gården
Dem Leben und Schaffen von Astrid Lindgren ist eine Ausstellung gewidmet, die in diesem Gebäude direkt neben dem großen Park *Astrid Lindgrens Värld* zu sehen ist. *Mitte Mai–Anfang Juni und Mitte–Ende Aug. tgl. 10–17 Uhr, Anfang Juni–Mitte Aug. tgl. 10–18 Uhr, Sept.–Mitte Mai Mi–Fr 10–16 Uhr, Sa, So 12–16 Uhr, Eintritt 50 SEK, www.als.h.se*

Vimmerby Kyrkogård
Astrid Lindgrens Grab befindet sich in der Nähe des mittleren Gebäudes mit dem goldenen Kreuz auf dem Dach. Am Grab steht ein weißer Briefkasten, für alle, die Astrid noch etwas mitteilen möchten.

Übernachten

Pippis Sommarhotell
Preiswerte Unterkunft für Familien mit Kindern. *25 Zi., Mai bis Aug., Tallholmen bei Vimmerby (1 km), Anfahrt über die Straße 34, Ausfahrt Åbro, Tel. 0492/122 59, Fax 137 09, www.pippishotel.se, €*

Auskunft

Vimmerby Turistbyrå
Västra Tullportsgatan 3, Tel. 0492/310 10, Fax 130 65, www.turism.vimmerby.se, www.visit-smaland.com

Ziel in der Umgebung

Sevedstorp **[121 E1]**
Die drei Höfe aus den Bullerbü-Filmen liegen in diesem kleinen Ort (etwa 15 km südwestlich von Vimmerby). Hier lebte Astrid Lindgrens Vater. Das Katthult aus den Michel-Filmen heißt eigentlich *Gibberyd* und liegt in *Rumskulla.* Dort stehen alle Häuser, die Sie aus den Michel-Filmen kennen. Michel-Souvenirs, Keramik und Kunstgewerbe gibt es im *Katthult-Laden (Mitte Juni–Mitte Aug. tgl. 10–19 Uhr, Anfahrt über die Straße 33 Richtung Jönköping, nach ca. 20 km rechts Richtung Rumskulla, www.katthult.se).*

Hauptstadtflair und Sommerfrische

Schwedens schwimmende Hauptstadt lebt vom Wasser – im Sommer wie im Winter

Karte in der hinteren Umschlagklappe

Grüne Kupferdächer, die in der Sonne funkeln, goldgelbe Bürgerhäuser, die im klaren nordischen Licht warm leuchten, prachtvolle Renaissancegebäude, die Reichtum und Wohlstand der Stadt erkennen lassen – Stockholm **[119 E2]**, die strahlende Hauptstadt des Nordens, zählt zu den schönsten Metropolen der Welt. Und zu den saubersten und grünsten. Wo sonst kann man mitten im Stadtzentrum unbesorgt baden oder dicke Lachse aus dem kristallklaren Wasser fischen? Wo sonst hat man mitten in der Innenstadt einen geschützten Nationalpark mit 56 km^2 Grünflächen?

Auf 14 Inseln liegt Stockholm am Übergang vom süßen Mälarsee zur salzigen Ostsee, umgeben von jeder Menge Wasser, das im Sommer herrlich glitzert und im Winter zu Eis erstarrt. Mit einem phantastischen Schärenparadies vor der Tür, rund 30 000 Inseln, die zum Baden, Segeln, Schlittschuhlaufen, Wandern und Entdecken einladen. Mit kostbaren Kunstschätzen in über 70 Museen, Kirchen und Schlössern. Und natürlich einem abwechslungsreichen Angebot an Festen, Konzerten, Theatern, Kinos, Bars, Clubs und Restaurants. Jung und weltoffen präsentiert sich die schwedische Hauptstadt ihren Besuchern. Die fast 2 Mio. Einwohner des Großraums Stockholm (ca. 760 000 davon im Zentrum) sind mit Recht stolz auf ihre vielseitige Stadt, die 2002 ihren 750. Geburtstag feierte.

Renaissancefassaden alter Bürgerhäuser am Stortorget

Junge Leute beim Bier

SEHENSWERTES

Die *Stockholms kort* (Stockholm-Karte) berechtigt zum freien Eintritt in zahlreiche Museen, zur kostenlosen Benutzung der öffentlichen Verkehrsmittel inklusive der innerstädtischen Fähren. Sie gilt für ein bis drei Tage und ist im Tourist centre erhältlich.

Blick auf Gamla Stan, Skeppsholmen und Djurgården

Djurgården [U E–F 3–4]

Die Insel war einst königliches Jagdrevier, in dem Schwedens Herrscher Rotwild und Elche jagten. Im Lauf des 18. Jhs. entwickelte es sich zu einem Naherholungsgebiet mit Wiesen, Wäldern und verschlungenen Spazierwegen. Auch zahlreiche Restaurants, Cafés und Museen befinden sich hier: das *Vasamuseum,* das *Nordische Museum* oder das *Freilichtmuseum Skansen.* Auch Schwedens ältester Freizeitpark, *Gröna Lund,* und *Junibacken,* wo man Figuren aus Astrid Lindgrens Büchern begegnet, liegen auf Djurgården. Außerdem Insider Tipp *Waldemarsudde (Sept.–April Di, Mi, Fr 11–16 Uhr, Do 11–20 Uhr, Sa, So 11–17 Uhr, Mai–Aug. Di–So 11–17 Uhr, Do 11–20 Uhr, Eintritt 75 SEK),* Wohnsitz und Atelier des Prinzen Eugen (1865–1947) mit einer Sammlung schwedischer Kunst aus dem frühen 20. Jh. und *Schloss Rosendal (nur mit Führung, Mai–Aug. Di–So, Sept. Sa, So jeweils 11–15 Uhr, Eintritt 50 SEK)* im Empirestil, Sommerresidenz Karl XIV. Johan.

Gamla Stan [U B–C 3–5]

★ Das Herz Stockholms ist seine pittoreske Altstadt, Gamla Stan, mit vielen Cafés, Restaurants und kleinen Geschäften. Sie liegt auf drei Inseln: *Helgeandsholmen* mit dem Reichstag, *Riddarholmen* mit verschiedenen Adelspalästen und der *Riddarholmskyrkan,* in der zahlreiche schwedische Könige beigesetzt sind. Am malerischsten ist jedoch *Stadsholmen* mit seinem mittelalterlichen Ambiente. Schöne alte Bürgerhäuser liegen am *Stortorget.* Das ehemalige Börsenhaus (1778) ist heute Sitz der Schwedischen Akademie (bestimmt den Literaturnobelpreisträger) und des *Nobelmuseums.* In Stockholms Dom und Krönungskirche, der *Storkyrka (Mai–Aug. tgl. 9–18 Uhr, Sept. bis April tgl. 9–16 Uhr, Eintritt 20 SEK)* von 1306 im Stil des italienischen Barock, gaben sich auch König Carl XVI. Gustaf und Königin Silvia 1976 das Jawort.

Der deutsche Einfluss durch die Hanse war im 13. und 14. Jh. sehr groß. 1571 gründete man hier die deutsche Gemeinde, die später eine eigene Kirche bekam, *Tyska Kyrkan (Mai–Aug. tgl. 12–16 Uhr, Sept. bis April Sa, So 12–16 Uhr). Kungliga Slottet,* das Königliche Schloss *(Mai–Aug. tgl. 10–16 Uhr, Sept. bis April Di–So 12–15 Uhr, Eintritt 70 bis 110 SEK, www.royalcourt.se).* aus dem 18. Jh. ist mit seinen mehr als 600 Räumen das größte der Welt. Heute wird es nur noch als Arbeitssitz und für offizielle Empfänge genutzt. Beliebte Touristenattraktion ist die Wachablösung im Schlosshof *(Juni–Aug. Mo–Sa 12.15 Uhr, So 13.15 Uhr, Sept.–Mai Mi, Sa 12.15 Uhr, So 13.15 Uhr).*

Kungliga Dramatiska Teatern **[U C2]**

Das »Dramaten« gilt als wichtigste Bühne Schwedens. Errichtet wurde es 1901 bis 1908 vom Architekten Fredrik Liljekvist im schönsten Jugendstil. Bekanntester Regisseur: Ingmar Bergman, der hier von 1963 bis 1966 als Intendant arbeitete. *Nybroplan*

Kungsträdgården **[U C2–3]**

Im 15. Jh. wurde hier noch Gemüse für die Schlossküche angebaut, im 16. Jh. flanierte der Adel durch den neu angelegten Renaissancepark. Im 18. Jh. durfte ihn dann auch das Volk nutzen. Der älteste Park der Stadt ist heute ein attraktiver Treffpunkt der Stockholmer. Hier kann man im Winter Schlittschuh laufen, im Sommer Eis essen, Schach spielen oder einfach mit einem Buch auf einer Bank sitzen.

Sergels torg **[U B2]**

Zentraler Platz in Stockholm, der 1960 auf zwei Ebenen angelegt wurde. Auf der oberen, einem Verkehrskreisel, steht der fast 38 m hohe gläserne Obelisk des Bildhauers Edvin Öhrström, die untere ist u. a. Treffpunkt der Stockholmer Drogenabhängigen. Am Sergels torg liegt auch der sozialistisch anmu-

MARCO POLO Highlights »Stockholm«

★ **Mariefred**
Perle am Mälarsee (Seite 85)

★ **Gamla Stan**
Die Altstadt ist das Herz Stockholms (Seite 76)

★ **Vasa**
333 Jahre lag das königliche Kriegsschiff auf dem Grund des Meeres (Seite 79)

★ **Skansen**
Schweden en miniature (Seite 79)

★ **Stockholms Schären**
30 000 Inseln im Bade- und Segelparadies (Seite 86)

★ **Trosa**
Romantisches Kleinstadtidyll an der Ostsee (Seite 87)

tende Beton- und Glaspalast *Kulturhuset* (1974) mit Galerien, Theater, Musik- und Tanzveranstaltungen und Internetcafé.

Södermalm **[U A–F 5–6]**
Steil aus dem Wasser erhebt sich Södermalm, das ehemalige Arbeiterviertel der Stadt. Alte Holzhäuser *(Stigbergsgatan)*, steile Treppen, Parks, schrille Geschäfte, gemütliche Cafés und Restaurants machen seinen Charme aus. Im Gegensatz zu dem edleren, kühleren Stadtteil Östermalm ist hier alles etwas alternativer und lebendiger. Mit dem 38 m hohen Lift *Katarinahissen (10 SEK)* gelangt man vom Verkehrsknotenpunkt *Slussen* **[U C5]** auf die Anhöhe von *Mosebacke* **[U C6]**. Von dort hat man einen wunderschönen Blick auf die Altstadt. Noch schöner, da ohne Gitter, ist die Aussicht von der *Fjällgatan* **[U D6]**.

Insider Tipp

Stadshuset **[U A4]**
Der Architekt Ragnar Östberg ließ das Wahrzeichen Stockholms mit seinem 106 m hohen Turm im nationalromantischen Stil 1923 erbauen. Im Blauen Saal findet alljährlich am 10. Dezember das große Nobelbankett statt. Wunderschön ist der Goldene Saal mit Wandmosaiken aus 19 Mio. Blattgoldteilchen von Einar Forseth. Vom Turm des Stadshuset haben Sie einen phantastischen Blick auf die Stadt. *Mai–Sept. tgl. 10 bis 16.30 Uhr, Eintritt 50 SEK*

MUSEEN

Historiska museet **[U E2]**
Das bedeutendste Museum Schwedens zur Geschichte von der Steinzeit bis zu den Wikingern. Mit archäologischen Funden aus der Wikingerstadt Birka im Mälarsee sowie einzigartigen Gold- und Silberschätzen der Goten und Wikinger. *Mitte Mai–Mitte Sept. tgl. 11–17 Uhr, Mitte Sept.–Mitte Mai Di–So 11–17 Uhr, Do 11–20 Uhr, Eintritt 60 SEK, Narvavägen 13–17, www.historiska.se*

Moderna museet **[U D4]**
Auf 20 000 m² präsentiert dieses Museum eine phantastische Sammlung moderner schwedischer und internationaler Kunst, darunter bedeutende Werke von Picasso, Matisse, Dardel und Hjertén. Angeschlossen ist das *Architekturmuseum. Di, Mi 10–20 Uhr, Do–So 10 bis 18 Uhr, Eintritt frei, Skeppsholmen, www.modernamuseet.se*

Nationalmuseum **[U C–D3]**
Schwedens größtes Kunstmuseum, u. a. mit älterer Malerei und Bildhauerei, Kunsthandwerk und Design. Es enthält eine Sammlung nordischer Kunst mit Gemälden von Carl Larsson, Anders Zorn und August Strindberg und Werken von Rembrandt, Rubens, Gauguin. *Di, Do 11–20 Uhr, Mi, Fr–So 11–17 Uhr, Juni–Aug. Di 11–20 Uhr, Mi bis So 11–17 Uhr, Eintritt 75 SEK (Mi 60 SEK), Södra Blasieholmshamnen, www.nationalmuseum.se*

Nobelmuseet **[U C4]**
Anlässlich des hundertjährigen Bestehens des Nobelpreises wurde 2001 eine Ausstellung im *Börshuset* in der Altstadt eröffnet. Sie zeigt das Leben und Schaffen Alfred Nobels und dokumentiert die Hintergründe des Preises. *Tgl. 10 bis 18 Uhr, Di bis 20 Uhr, Eintritt 50*

SEK, Börshuset, Stortorget, Gamla Stan, www.nobel.se/nobelmuseum

Nordiska museet **[U E3]**
Kulturgeschichtliches Nationalmuseum mit Ausstellungen zu Schwedens Alltagsleben, Traditionen und den Sami (Lappen), vom Mittelalter bis zur Gegenwart. *Di–So 10–17 Uhr, Mi bis 20 Uhr, Ende Juni–Ende Aug. tgl. 10–17 Uhr, Eintritt 70 SEK, Djurgårdsvägen 6–16, www.nordiskamuseet.se*

Skansen **[U F4]**
★ Für das größte Freilichtmuseum der Welt (gegründet 1891) wurden in ganz Schweden rund 150 typische Bauernhäuser und Herrenhöfe abgetragen und hier wieder aufgebaut. Auch eine kleine Stadt mit Holzhäusern und Handwerksbetrieben wurde angelegt. Eine besondere Attraktion ist das Wildgehege mit typisch nordischen Tieren. Achtung: Elche! In dieser riesigen, grünen Oase mit hohen Bäumen und duftenden Bauernblumen können Sie wunderbar spazieren gehen oder sich in einem der Cafés erfrischen. *Park und Tiere Jan.–April, Okt.–Dez. tgl. 10–16 Uhr, Mai tgl. 10–20 Uhr, Juni–Aug. tgl. 10–22 Uhr, Sept. tgl. 10–17 Uhr, Häuser: Jan.–April (nur einige) tgl. 11–15 Uhr, Mai–Sept. tgl. 11–17 Uhr, Okt. bis Dez. tgl. 11–15 Uhr, Eintritt Mai bis Aug. 70 SEK, sonst 30–50 SEK, www.skansen.se*

Vasamuseet **[U E3]**
1628 sank das stattliche königliche Kriegsschiff ★ Vasa wegen eines Konstruktionsfehlers bereits auf seiner Jungfernfahrt im Stockholmer Hafen. Erst 1961 wurde es unter größten Schwierigkeiten geborgen, sorgfältig konserviert und restauriert. Ein Erlebnis ist das Museum schon beim Eintreten: In einer riesigen Halle erhebt sich das imposante Kriegsschiff aus der Dunkel-

Die Vasa: vom Meeresgrund ins Vasamuseet

Einkaufszentrum Globen

heit. Auf drei Galerien, die den Originalrumpf der Vasa umgeben, sind verschiedene spannende Ausstellungen mit sehr vielen Exponaten zur Geschichte der Vasa zu sehen. Ein Film informiert über die außerordentlich komplizierte Bergung. Großes Problem der Konservatoren: Jedes Jahr bilden sich im Rumpf der Vasa 100 kg Schwefelsäure, die das Holz angreifen und eine ernste Bedrohung für das Schiff darstellen. *Mitte Juni–Mitte Aug. tgl. 9.30–19 Uhr, Mitte Aug.–Mitte Juni tgl. 10–17 Uhr, Mi bis 20 Uhr, Eintritt 70 SEK, Galärvarvsvägen 14, www.vasamuseet.se*

ESSEN & TRINKEN

Wenn Sie abends essen gehen wollen, sollten Sie unbedingt einen Tisch reservieren!

Günstige Alternative: *Kungshallen* **[U B2]** *(Kungsgatan 44)*. In diesem großen Selbstbedienungstempel mit internationalen Küchen gibt es für jeden etwas. Insider Tipp

Agra Tandoori **[O]**
Einfaches indisches Restaurant auf Kungsholmen mit guter und preiswerter Küche. *Hantverkargatan 84, Tel. 08/650 17 11, €*

Clas på hörnet **[O]**
Typisch schwedische Küche finden Sie in diesem alten Gasthaus aus dem 18. Jh. *Surbrunnsgatan 20, Normalm, Tel. 08/16 51 30, €€*

Kaffekoppen **[U C4]**
Gemütliches Café in Gamla Stan. Im Sommer kann man draußen sitzen, im Winter im romantischen Kellergewölbe. *Stortorget, Gamla Stan, Tel. 08/20 31 70, €*

Lisa Elmqvist **[U C2]**
Frischer Fisch und Schaltiere in allen Variationen stehen auf der Speisekarte dieses exquisiten Fischrestaurants in der Östermalmer Markthalle. *Östermalmstorg, Tel. 08/55 34 04 00, €€*

Pelikan **[O]** Insider Tipp
Klassisches Brauhaus auf Södermalm. Sehr gute, preiswerte Hausmannskost. Unbedingt probieren: *köttbullar med gräddsås och lingon.*

Blekingegatan 40, Tel. 08/ 55 60 90 90, €–€€

Sabai Sabai **[U A1]**
Köstliche Thaiküche in exotischem Ambiente mit bunten Lämpchen und goldenen Elefanten. *Kammakargatan 44, Tel. 08/790 09 13, €*

Insider Tipp
Sturekatten **[U C2]**
Hier sitzt man wie bei Großmutter im Wohnzimmer. Supergemütliches Café in Östermalm mit köstlichem Kuchen und sehr gutem Krabbenbrot. *Riddargatan 4, Tel. 08/ 611 16 12, €*

Ulla Winbladh **[U E3]**
Edle schwedische Hausmannskost gibt es in diesem alten Gasthaus auf Djurgården. *Rosendalsvägen 8, Tel. 08/663 05 71, €€*

Wedholms Fisk **[U C3]**
Bestes Fisch- und Meeresfrüchterestaurant der Stadt. Leider sehr teuer. *Nybrokajen 17, Tel. 08/ 611 78 74, €€€*

EINKAUFEN

Ob Design, Glas, Kunsthandwerk oder Mode: Die Hauptstadt bietet das größte Angebot. Deshalb kommen auch Schweden aus dem ganzen Land, um hier einzukaufen. Und eines merkt man gleich: Alles ist viel ruhiger als in Deutschland. Stockholms Haupteinkaufsstraßen mit vielen Einrichtungsläden und Boutiquen liegen rund um den *Stureplan* **[U C2]**; in der *Sturegallerian*, der *Biblioteksgatan*, der *Birger Jarlsgatan* oder *Humlegårdsgatan*. Schwedisches Design gibt es im *Designtorget (Kulturhuset* **[U B2]** und *Birger Jarlsgatan* **[U C2]**, wo junge kreative Köpfe ihre Arbeiten anbieten. Oder bei *Carl Malmsten* und *Svenskt Tenn* **[U D2]** *(beide Strandvägen 5)*. Sehr schönes schwedisches Kunsthandwerk bekommen Sie bei *Vistra* **[U A2]** *(Kungsgatan 55)* oder *Svensk Hemslöjd* **[U B1]** *(Sveavägen 44)*. Auch Stockholms Nobelkaufhaus *Nordiska Kompaniet* **[U C2]** *(Hamngatan)* hat eine

Delikatessen in der Saluhall am Östermalmstorg

großes Abteilung für Kunsthandwerk, Glas und Design.

Im *Sweden Bookshop* **[U C4]** *(Slottsbacken 10)* finden Sie Literatur über Schweden, aber auch Romane und Kinderbücher (auf Deutsch). Ein Riesenangebot an CDs hat *Mega Skivakademien* **[U B2]** unter dem *Sergels torg*, ausgefallene Musik (etwa Sami-Musik) Insider Tipp *multikulti* **[U C6]** in der *St. Paulsgatan 3*. Zahlreiche Antikläden liegen im Stadtteil *Vasastan* **[0]** *(Odengatan, Upplandsgatan, Roslagsgatan)*. Ein absolutes Muss ist der Besuch Insider Tipp der wunderschönen alten *Östermalms Saluhall* **[U C2]** *(Östermalmstorg)* mit Spezialitäten aus Meer, Wald und Flur.

ÜBERNACHTEN

Sie sollten Ihre Unterkunft unbedingt frühzeitig buchen! Günstig: das *Stockholmpaket* (ein bis drei Tage) mit Hotelübernachtung und *Stockholms kort*. Die *Hotellcentralen* am Hauptbahnhof hilft bei der Zimmersuche *(Tel. 08/789 24 90, Fax 791 86 66)*. Bed & Breakfast vermittelt *Bed & Breakfast Service Stockholm (Mo–Fr 9–12 und 13.30 bis 17 Uhr, Sidenvägen 17, Ekerö, Tel. 08/660 55 65, Fax 663 38 22, www.bedbreakfast.a.se)*.

Columbus Hotell **[U C6]**
Auf Södermalm liegt dieses Hotel mit persönlicher Atmosphäre in einer ehemaligen Brauerei von 1780. *70 Zi., Tjärhovsgatan 11, Tel. 08/ 50 31 12 00, Fax 50 31 12 01, www.columbus.se,* €€–€€€

Grand Hôtel **[U C3]**
Spitzenhotel in wunderschöner Lage direkt am Wasser. *Grands Veranda* ist bekannt für sein köstliches *smörgåsbord. 310 Zi., Södra Blasieholmshamnen, Tel. 08/679 35 00, Fax 679 35 61, www.grandhotel.se,* €€€

Långholmen **[0]**
Hotel und Jugendherberge in einem ehemaligen Gefängnis aus dem 19. Jh. *112 Zi. und 26 weitere Betten, Långholmsmuren 20, Tel. 08/ 720 85 00, Fax 720 85 75, www.langholmen.com,* €–€€

Pärlan Hotell **[U D2]** Insider Tipp
Beliebtes, kleines Hotel in einem alten Patrizierhaus mit hohen Decken und Kachelöfen in Östermalm. *9 Zi., Skeppargatan 27, Tel. 08/663 50 70, Fax 667 71 45, www.parlanhotell.com,* €€

Pensionat Oden **[0]**
Drei gemütlich eingerichtete Pensionen in zentraler Lage: *Vasastan (6 Zi., Odengatan 38), City (15 Zi., Kammakargatan 62)* und *Södermalm (22 Zi., Hornsgatan 66b)*. Für alle drei: *Tel. 08/796 96 00, Fax 612 45 01, www.pensionat.nu,* €€

STF Vandrarhem af Chapman **[U D4]**
Stockholms beliebteste Jugendherberge auf einem alten Dreimaster. Unbedingt rechtzeitig reservieren! *136 Betten, Flaggmansvägen 8, Tel. 08/463 22 66, Fax 611 71 55, www.stfchapman.com,* €

FREIZEIT & SPORT

Baden
Beliebte Badestellen sind *Hässelby Strandbad, Långholmen, Rålambshovsparken* oder das *Mälarhöjdsbad* bei Bredäng. Eine Karte mit al-

len Badeplätzen bekommen Sie im *Tourist centre.*

Bootsausflüge

Eine Fahrt in die Stockholmer Schären oder auf dem Mälarsee nach *Mariefred* oder *Drottningholm* ist ein absolutes Muss. Es gibt ein großes Angebot an Touren. Am schönsten sind die mit dem alten Dampfer *Strömma Kanal.* Infos: *Strömma Kanalbolaget (Skeppsbron 22, Tel. 08/58 71 40 00, www.strommakanalbolaget.com)* oder *Waxholms Ångfartygs AB (Tel. 08/614 64 50, Fax 611 84 07 www.waxholmsbolaget.se).* Lohnend sind auch »Die Königliche Kanal Tour« oder die Tour »Unter Stockholms Brücken«. An Bord bekommen Sie Kopfhörer und können die Erläuterungen in einer Sprache Ihrer Wahl hören. Tickets am *Strömkajen-Kiosk* **[U C3]**. Infos: *Stockholm Sightseeing (Mo bis Fr 9–17 Uhr, Skeppsbron 22, Tel. 08/58 71 40 20, www.stockholmsightseeing.com).*

Verleih von Booten, Rädern und Inlineskates

Kanus, Kajaks, Ruder- oder Tretboote können Sie sich an der *Brücke nach Djurgården* **[U E3]** ausleihen. Auch Fahrräder und Inlineskates gibt es dort. *Skepp & Hoj, Mai–Mitte Sept. tgl. 10–24 Uhr, Djurgårdsbrons Sjöcafé, Tel. 08/660 57 57*

AM ABEND

Rund um den *Stureplan* **[U C1–2]** in Östermalm tobt das ganze Jahr über das Stockholmer Nachtleben. In den eher schicken Clubs und Bars legt man Wert auf gepflegte Kleidung. Wer langes Schlange stehen und hohen Eintritt vermeiden will, sollte grundsätzlich vor 23 Uhr erscheinen.

Auf Södermalm **[U C–D 5–6]** *(Götgatan, Folkungagatan)* liegen viele gemütliche Kneipen und Studentenlokale. T-Shirt und Jeans sind hier durchaus üblich. Aktuelle Veranstaltungskalender finden Sie in

Allemansrätt

Freier Zugang zur Natur

Die Natur ist der Schweden höchstes Gut, deshalb wird sie auch mit einem einzigartigen Gesetz geschützt. Den Aufenthalt im Freien und den Umgang mit Flora und Fauna regelt das schwedische *Allemansrätt* (Jedermannsrecht). Es erlaubt jedem das Benutzen privater Wege zu Fuß, auf Skiern oder mit dem Rad, das Bootfahren auch auf privaten Gewässern oder das freie Zelten (gilt für eine Nacht, allerdings nicht in der Nähe von Privathäusern) – natürlich nur unter der Bedingung, dass der Natur kein Schaden zugefügt wird und man die Privatsphäre anderer nicht stört. Verboten ist das Pflücken geschützter Pflanzen, das Zurücklassen von Abfall oder das Feuermachen auf Klippen. Das *Allemansrätt* funktioniert nur, wenn jeder rücksichtsvoll und verantwortungsbewusst mit der Natur umgeht, auch die Touristen.

der Freitagsbeilage »DN på stan« oder in »Stockholm this week« (Tourist centre).

Café Opéra **[U C3]**
Besonders angesagte Diskothek mit jungem, schönen Publikum in altem Operngebäude von 1891. Edles Ambiente mit Kronleuchtern und Ledersesseln. Leider lange Schlangen, willkürliche Türsteher. *Mo–So 17–3 Uhr, ab 23 Uhr Eintritt 100 SEK, Mindestalter 23 Jahre, Operahuset, Kungsträdgården, Tel. 08/676 58 07, www.cafeopera.se*

Fasching **[U A2]**
Jazzclub mit Livemusik. Fr und Sa Diskothek. Gemischtes Publikum eher mittleren Alters. *Mo–Do 19–1 Uhr, Fr, Sa 19–4 Uhr, Eintritt Club 80 SEK, für Konzerte ab 100 SEK, Mindestalter bei Konzerten 18 Jahre, im Club 20 Jahre, Kungsgatan 63, Tel. 08/53 48 29 60, www.fasching.se*

Ice Bar **[U A2]**
Supercoole Bar, in der Sie bei minus fünf Grad Cocktails aus Eisgläsern trinken können. Von der Decke bis zum Fußboden ist alles aus nordschwedischem Eis. Gegen die Kälte gibt's dicke Umhänge. *Im Sommer Mo–Sa 15–24 Uhr, So 15–21 Uhr, im Winter Mo–Sa 16.30–24 Uhr, Eintritt und ein Cocktail 125 SEK, Mindestalter 18 Jahre, im Nordic Sea Hotel, Vasaplan 4–11, Tel. 08/50 56 35 51, www.nordichotels.se*

KGB Bar & Restaurant **[U B1]**
Russisches Ambiente mit Blinis, Borschtsch und Molotow-Cocktails (allerdings mit Wodka). *Do 20–24 Uhr Livemusik. Mo–So 10.30–2.30 Uhr, Eintritt frei, Mindestalter 18 Jahre, Malmskillnadsgatan 45, Tel. 08/20 91 55, www.kgb-bar.com*

Mosebacke Etablissement **[U C6]**
Klassischer Club auf Södermalm. Jazz, Folkmusic, Chansons, Reggae,

Café Opéra – Restaurant, Bar und Diskothek sind erstklassig

Rock, Salsa. Gemischtes Publikum, legere Kleidung. *Freitags (21–2 Uhr)* Rhythm & Blues, Hiphop, Reggae und Soul. Im Sommer ist auch die große Terrasse geöffnet. *Mo–Do 17–1 Uhr, Fr 17–2 Uhr, Sa 12–2 Uhr, So 12–1 Uhr, Eintritt 60–100 SEK, Mindestalter 20 Jahre, Mosebacke torg 3, Tel. 08/ 55 60 98 90, www.mosebacke.se*

Spy Bar **[U C1]**

Die langen Schlangen vor der Tür zeigen, wie angesagt diese Bar ist. Allerdings kommt nicht jeder rein. Dafür sorgen die markanten Türsteher. Hier tummeln sich Stockholms betuchte Jugendliche und VIPs. *Mi–Sa 21–5 Uhr, Eintritt 100 SEK, Mindestalter 23 Jahre, Birger Jarlsgatan 20, Tel. 08/ 54 50 37 01, www.thespybar.com*

AUSKUNFT

Stockholm Tourist centre **[U B2]**

Kulturhuset, Sergels torg 1; ab Mitte 2004: Sverigehuset, Hamngatan 27/Kungsträdgården, Tel. 08/ 789 24 90, Fax 789 24 91, www.stockholmtown.com

ZIELE IN DER UMGEBUNG

Birka **[119 D2]**

Im 9. und 10. Jh. war Birka auf der Insel *Björkö* im Mälarsee wichtiges Handelszentrum der Wikinger. In zahlreichen Gräbern auf der Insel machte man kostbare Funde (arabische Silbermünzen, chinesische Seide). *Birkamuseet* präsentiert die Wikingersiedlung an Hand von Modellen und dokumentiert das Alltagsleben der wilden Nordländer. Björkö, das etwa 30 km westlich von Stockholm liegt, ist nur mit dem Schiff zu erreichen *(Mai–Mitte Sept. tgl. 10–18.30 Uhr, Fahrpreis inkl. Museum SEK 235, ab Stadshusbron, www.raa.se/birka).*

Drottningholm **[119 D2]**

In diesem Schloss mitten im Grünen, gut 10 km außerhalb von Stockholm, residiert die schwedische Königsfamilie. Es wurde nach den Entwürfen des Architekten Nicodemus Tessin d. Ä. im barocken Stil 1662 bis 1700 erbaut. Vorbild der Schlossanlage ist das französische Versailles. Dazu gehören auch drei große Parks im englischen, französischen und Rokokostil, der elegante Chinesische Pavillon und das einzigartige Schlosstheater aus dem Jahr 1766 mit raffinierter Bühnentechnik. Hier werden auch heute noch Opern und Theaterstücke aufgeführt *(Mai–Aug. tgl. 10–16.30 Uhr, Sept. tgl. 12–15.30 Uhr, Okt. bis April Sa, So 12–15.30 Uhr, Eintritt 60 SEK, www.royalcourt.se).*

Mariefred **[119 D2]**

★ Malerischer Ort am Mälarsee, etwa 60 km westlich von Stockholm. Gustaf Wasa ließ hier 1537 das mächtige *Schloss Gripsholm (Mitte Mai–Mitte Sept. tgl. 10–16 Uhr, Mitte Sept.–Mitte Mai Sa, So 12–15 Uhr, Eintritt 60 SEK)*, bekannt auch durch Kurt Tucholskys gleichnamigen Roman, errichten. Besonders sehenswert sind das *Schlosstheater* und die umfangreiche staatliche *Porträtsammlung.*

Auch ein Spaziergang durch die idyllische Kleinstadt (4800 Ew.) lohnt sich. Auf dem Friedhof von Mariefred liegt Kurt Tucholsky begraben, der 1929 nach Schweden emigrierte und sich hier 1935 das Leben nahm.

Sandhamn ist ein beliebtes Ziel von Seglern

Übernachten können Sie in Schwedens ältestem Gasthof, *Gripsholms Värdshus (30 Zi., Kyrkoplan 1, Tel. 0159/347 50, Fax 347 77, www.gripsholmsvardshus.se, €€€)*. Auskunft: *Mariefreds Turistbyrå (Rådhuset, Tel. 0159/297 90, Fax 297 95, www.mariefred.se)*.

Sigtuna **[119 D1]**

Niedrige, alte Holzhäuser prägen dieses Bilderbuchstädtchen am Mälarsee (35 000 Ew.) ca. 60 km nördlich von Stockholm. Sigtuna gilt als älteste Stadt Schwedens und war im 12. Jh. geistig-religiöses Zentrum des Landes – deshalb die vielen Kirchenruinen. Sehenswert ist die gotische Backsteinkirche *Mariakyrkan* aus dem 13. Jh. Im Gartencafé *Tant Brun (Laurentii Gränd 3, Tel. 08/59 25 09 34, €)* mit schönem Innenhof serviert die Bedienung in Tracht. Auskunft: *Sigtuna turistbyrå (Drakegården, Stora gatan 33, Tel. 08/59 48 06 50, Fax 59 48 06 59, www.sigtuna.se)*.

Stockholms Schären **[119 E1–3]**

★ Auf keinen Fall versäumen sollten Sie einen Ausflug in die Stockholmer Schären. 30 000 Inseln erstrecken sich über 150 km von *Arholma* im Norden bis zu *Landsort* im Süden. Sie sind ein Paradies für alle Wassersport- und Badefans. Rund 6000 Menschen leben hier, im Sommer kommen zahlreiche Touristen dazu. Genaue Fahrzeiten und Routen der Schärenboote finden Sie an den Anlegestellen *Slussen, Nybrokajen* und *Strömkajen* in Stockholm. Mit der *Båtluffarkort (385 SEK, im Tourist centre)* können Sie die Boote der *Waxholmsbolaget* 16 Tage lang unbegrenzt zum Schärenhopping nutzen. Insider Tipp

In nur 25 Min. erreicht man mit dem Boot die nahe gelegenen *Fjäderholmarna* (mit Restaurants, Räucherei und Ostseeaquarium).

Ein beliebtes Ziel vor allem bei Seglern ist *Sandhamn* am äußersten Rand des Schärengartens mit schönen Sandstränden (Fahrzeit 3 Std.) Bunte Holzhäuser, Felsenklippen und enge Gassen machen den Charme des Ortes aus. Übernachten können Sie in *Sandhamns Värdshus (13 Zi., Tel. 08/57 15 30 51, Fax 57 15 32 40, www.sandhamns-vardshus.se, €€)*.

25 km nordöstlich von Stockholm (Fahrzeit 1 Std.) liegt die Festungsinsel *Vaxholm*. Hier laden kleine Geschäfte zum Bummeln ein. Wunderschöne Badestrände und Felsen prägen die grüne Insel *Grinda* in den inneren Schären (30 km östlich von Stockholm, Fahrzeit 90 Min.), auf der Sie auch Räder und Boote mieten können.

Wer auf Astrid Lindgrens Spuren wandeln möchte, sollte nach Insider Tipp *Norröra* fahren. In dieser Schärenidylle wurde in den 60er-Jahren der Film »Ferien auf Saltkrokan« gedreht. Im Sommer bietet das *Touristenbüro* in *Norrtälje (Danskes gränd 4, Tel. 0176/719 90, Fax 106 18, www.norrtalje.se)* zweimal in der Woche geführte Bootstouren auf die Insel an, auf der Sie allerdings nicht übernachten können.

Auf *Utö* (ca. 50 km südlich von Stockholm, knapp 4 Std. Fahrzeit) können Sie Räder, Ruderboote oder Kanus mieten und baden.

Trosa [119 D3]

★ Gemütlich schlängelt sich das Flüsschen Trosaån durch diesen netten Badeort (10 000 Ew.) an der Ostsee 70 km südlich von Stockholm. Helle Holzvillen mit Rosenbüschen säumen das Flussufer, an dem Ruder- und Segelboote dümpeln. Köstlichen Kuchen und die berühmten *kanelbullar* gibt es im *Café Tre Små Rum (Östra Långgatan, Tel. 0156/121 51, €)*.

In der Nähe von Trosa liegt in einem großen Park *Schloss Tullgarn (Mitte Mai–Ende Aug. tgl. 11–16 Uhr, Sept. Sa, So 12–15 Uhr, nur mit Führung, Eintritt 50 SEK, www.royalcourt.se)*, das Anfang des 18. Jhs. in herrlicher Lage auf einer Halbinsel direkt am Meer errichtet wurde. Auskunft: *Trosa Turism (Torget, Tel. 0156/522 22, Fax 522 23, www.trosa.com, www.sormland.se)*.

Uppsala [119 D1]

70 km nordwestlich von Stockholm liegt Uppsala (180 000 Ew.). Studenten, Cafés, Parks und viele Radfahrer prägen die Atmosphäre in der Stadt mit Schwedens ältester und wichtigster Universität, die 1477 gegründet wurde. Zu den Kostbarkeiten der riesigen Universitätsbibliothek *Carolina rediviva (Juni–Mitte Aug. Mo–Fr 9–17 Uhr, Sa 10–17 Uhr, So 11–16 Uhr, Mitte Aug.–Mai Mo–Fr 9–20 Uhr, Sa 10–16 Uhr, Dag Hammarskjöldsväg 1)* gehört die berühmte Silberbibel »Codex argentus« aus dem 6. Jh. Das Wahrzeichen Uppsalas, der mächtige gotische *Dom*, wurde 1435 geweiht. Von 1140 bis 1719 wurden hier die schwedischen Könige gekrönt, viele Könige und andere berühmte Schweden sind hier beigesetzt. Im *Schloss* von Uppsala befindet sich heute der Regierungs- und Verwaltungssitz der Stadt.

Gamla Uppsala, 5 km nördlich der Stadt, war einst das geistige und politische Zentrum des Reichs. Hier verehrten die Wikinger ihre heidnischen Götter und begruben ihre Könige in großen Grabhügeln.

UTESERVERING

Schleusen, Schlösser, Schären

Die Touren sind in der Karte auf dem hinteren Umschlag und im Reiseatlas ab Seite 116 grün markiert

1 SCHWEDENS BLAUES BAND

Diese Boots- und Fahrradtour führt Sie in drei bis vier Tagen 100 km am Göta-Kanal entlang – von Motala am Vättern bis Mem an der Ostsee. Naturerlebnisse und kulturelle Sehenswürdigkeiten erwarten Sie.

Planen Sie Ihre Reise so, dass Sie für die erste Etappe von Motala nach Borensberg (ca. 20 km), das Boot *M/F Kung Sverker* nehmen können *(Anfang Juni–Mitte Aug. Di–So 10.30 Uhr ab Motala-Hafen, Dauer 2 Std., einfache Fahrt 150 SEK, Rad 20 SEK, Buchungen: Motala Kanaltrafik AB, Tel. 0141/585 06 oder 070/626 02 49)*.

Mit dem Vätternsee im Rücken geht es links vorbei am Grabmal des Kanalbauherrn Baltzar von Platen. Nach etwa 3 km erreichen Sie die Schleuse mit der zweitgrößten Schleusentreppe des Kanals, *Borenshult*. Über fünf Schleusentreppen ist hier ein Höhenunterschied von 15 m hinunter zum See Boren zu überwinden. In aller Ruhe gleiten Sie dann über den 74 m tiefen Borensee bis nach *Borensberg*, wo Ihre Bootstour endet. An der Schleuse in Borensberg spielt übrigens der Krimi »Die Tote im Göta-Kanal« von Maj Sjöwall/Pär Wahlöö, eine empfehlenswerte Lektüre während der Tour. In diesem Ort legen Sie entweder einen Badestopp am Strand ein oder werfen einen Blick ins *Hembygdsmuseum (Heimatmuseum)*. Zum Übernachten bietet sich der *Borensbergs Gästgivaregård* an *(9 Zi., Husbyvägen 4, Tel. 0141/401 61, Fax 2393 40, www.gastgivaregarden.com, €)*.

Oder Sie setzen Ihre Reise gleich mit der zweiten Etappe nach *Berg* (ca. 20 km) auf dem alten Treidelweg fort. Er verläuft parallel zum Göta-Kanal durch Wiesen und Äcker. Bei der Straße 36 passieren Sie den ersten Aquädukt des Kanals. Der Weg führt vorbei am *Herrenhof Brunneby*. Der ist nicht zu besichtigen, aber in der Mosterei können Sie Saft, Cidre oder Marmelade kaufen.

Weiter geht es Richtung *Ljung*. Hier ist das *Schloss (So 13–16 Uhr, nur mit Führung, Eintritt 40 SEK, Mo–Mi 13–16 Uhr kann man eini-*

Am Hafen des turbulenten Smögen

ge wenige Teile des Schlosses auf eigene Faust besichtigen, Eintritt frei) aus dem 18. Jh. sehenswert. Bei *Skarpåsens bevattningsanläggning* gibt es eine schöne Badestelle und einen Grillplatz.

Nach etwa 7 km erreichen Sie *Ljungsbro.* Hier befindet sich Schwedens erste Schokoladenfabrik von 1873, Insider Tipp *Cloetta,* mit einem unwiderstehlichen Schoko-Laden!

Vorbei an der *Schleuse Heda* kommen Sie nach gut 2 km nach *Berg (S. 60),* wo der Göta-Kanal in den Roxensee mündet. Von den insgesamt elf Schleusen ist die Carl-Johan-Schleuse die beeindruckendste und längste Schleusentreppe des Kanals. Cafés und Restaurants laden hier zu einer Erfrischungspause ein, in der *Jugendherberge (Bergs Vandrarhem, 24 Betten, Tel. 013/603 30, Fax 603 10, €)* an der Schleuse können Sie übernachten. Einen Besuch lohnt die nahe gelegene *Kirche* (13. Jh.) des ehemaligen *Zisterzienserklosters Vreta.*

Für die dritte Etappe von Berg nach Brådtom (ca. 40 km) nehmen Sie die nördliche Umgehung des Roxensees. Sie führt durch ländliches Gebiet, zum Teil recht hügelig, aber ohne viel Verkehr. Nach 7 km kommen Sie an der *Ruine des Schlosses Stjärnorp* vorbei, nach weiteren 3 km, dicht am See entlang, erreichen Sie *Sandviks Camping.* Hier nehmen Sie ein erfrischendes Bad im Roxen, trinken einen Kaffee oder füllen Ihren Proviant im *Landhandel* auf. Vorbei an den Resten der Fluchtburgen *Göten* und *Snaveborg* aus der Eisenzeit am Roxen und dem *Herrenhof Grensholm* aus dem 17. Jh. taucht nach ca. 25 km der Ort *Norsholm* vor Ihnen auf.

In *Norsholms rökeri* stärken Sie sich mit frisch geräuchertem Schinken, Wurst oder Fleisch. Oder Sie machen eine Pause im *Slusscafeet.* Von Norsholm aus fahren Sie in östlicher Richtung wieder parallel zum Göta-Kanal auf dem alten Treidelpfad. Bis zur *Schleuse Brådtom.* Hier übernachten Sie in der Bed & Breakfast-Unterkunft Insider Tipp *Brådtoms sluss* bei *Norsholm (5 Zi., 18 Betten, Tel. 011/550 55, €).*

Die letzte Etappe von Brådtom bis Mem umfasst ca. 20 km. Sie setzen die Reise auf dem Treidelpfad fort bis zur Schleuse *Hulta,* wo der Kanal in den See Asplången mündet. Sie überqueren die Schleuse und fahren auf der anderen Seite des Kanals auf einem Waldweg nördlich des Sees weiter. Hier müssen Sie an zwei Schlagbäumen vorbei. Außerdem wird es hügelig. Nach ca. 8 km kommen Sie an einen größeren Weg, dem Sie bis zur Snövelstorp-Brücke folgen. Jetzt sind Sie wieder direkt am Kanal. Auf dem letzten Stück bis *Söderköping (S. 70)* passieren Sie insgesamt sieben Schleusen. Nach gut 15 km erfrischen Sie sich mit einem Eis in *Söderköpings Smultronställe* direkt am Göta-Kanal. Lohnend ist auch ein Spaziergang durch den Ort.

Weiter geht es auf der südlichen Seite des Kanals. Nach 6 km erreichen Sie schließlich den kleinen Ort *Mem,* wo der Göta-Kanal in die Ostsee mündet. Im *Kanalmagasinet* wurde 1832 der Göta-Kanal eingeweiht. Heute ist dort eine *Jugendherberge (32 Betten, Hamnmagasinet Mem, Tel. 0121/270 45, €)* untergebracht. Zurück nach Motala geht's entweder mit dem Rad oder mit dem Zug vom 20 km entfernten Norrköping *(S. 71)* über Mjölby.

Zwischen Wiesen und Wald: der Göta-Kanal in der Nähe von Berg

2 FÜRSTLICHES SCHWEDEN

Auf dieser ca. 350 km langen Autotour entlang des Mälarsees können Sie sechs der schönsten Schlösser der Region entdecken. Dafür sollten Sie sich drei Tage Zeit nehmen.

Von Stockholm fahren Sie auf der E4 in südlicher Richtung bis nach Södertälje und biegen dort ab auf die E20 Richtung Göteborg.

Einen Abstecher lohnt nach etwa 60 km das *Schloss Taxinge* im Empirestil aus dem frühen 19. Jh., bekannt für sein Café mit köstlichem Kuchenbuffet *(Mai–Aug. tgl. 12–18 Uhr, Sept. tgl. 12–16 Uhr, Okt.–April Sa, So 12–16 Uhr).*

Weiter geht es auf der E20 bis zur Ausfahrt Mariefred. Hier liegt das berühmte *Renaissanceschloss Gripsholm (S. 85)*. Stärken können Sie sich im *Strandrestaurangen (Strandvägen 2, Tel. 0159/133 88, €€)* direkt am Mälarsee.

Über die E20 geht es nach *Strängnäs* (rund 20 km). In dem hübschen Ort mit malerischer Altstadt besuchen Sie den *Dom* aus dem späten 15. Jh. Dann fahren Sie in nördlicher Richtung weiter auf die Halbinsel *Fogdön.* Vorbei an Äckern und Feldern kommen Sie über *Björsund* und *Sundby* zum *Schloss Sundbyholm.* In dem Gebäude aus dem frühen 17. Jh. ist heute ein exklusives Hotel untergebracht *(99 Zi., Tel. 016/42 84 00, Fax 965 78, www.sundbyholms-slott.se, €€€).* In der Nähe gibt es eine schöne Badestelle und einen Bootshafen. Sehenswert ist die 5 m lange *Felszeichnung Sigurdsristning* aus dem 11. Jh. am nahe gelegenen Ramsunda-Flüsschen.

Über *Lövhulta* und *Torshälla* geht es zurück auf die E20, dann auf die Straße 53 Richtung Västerås. Mit einem phantastischen Blick überqueren Sie bei Kvicksund den Mälarsee. Biegen Sie nach wenigen Kilometern rechts ab Richtung Rytterne und Tidö. Nach 13 km erreichen Sie *Schloss Tidö.* Es wurde im holländischen Renaissancestil erbaut. Im Schloss befindet sich ein umfangreiches *Spielzeugmuseum (Juni–Mitte Aug. tgl. 12–17 Uhr, Mai, Mitte Aug.–Ende Sept. Sa, So 12–17 Uhr, Eintritt 45 SEK, Schlossführung tgl. 14 Uhr, 45 SEK)*. Im *Tidö Värdshus (Tel. 021/ 530 00, €)* können Sie sich erfrischen, bevor es Richtung *Västerås* weitergeht, wo Sie wieder auf die E18 Richtung Enköping fahren.

Direkt hinter Västerås führt eine kleinere Straße über *Irsta* zur schönen *Halbinsel Ängsö* (Naturreservat). Hier liegt das *Rokokoschloss Ängsö (Juli–Mitte Aug. Sa–Do 13 bis 17 Uhr, Eintritt 55 SEK)*, ein dreigeschossiges, würfelförmiges Gebäude mit Möbeln aus verschiedenen Epochen und einer Gemäldesammlung aus dem 14. Jh.

Folgen Sie dann der E18 bis *Enköping*, wo Sie die Autobahn verlassen und auf der Straße 263 Richtung Märsta weiterfahren. Vorbei an *Litslena*, biegen Sie nach ca. 12 km links ab Richtung Hjälsta/Biskopsarnö. Am Mälarsee liegt das Hotel *Friiberghs Herrgård (67 Zi., Tel. 0171/41 66 60, Fax 46 31 30, www.friibergh.se, €€€)* mit Golf- und Tennisplatz. Hier können Sie auch erstklassig speisen.

Nun geht es zurück auf die 263 Richtung Märsta. Bei *Häggeby* biegen Sie links ab zum sehenswerten *Barockschloss Skokloster (nur mit Führung zu jeder vollen Stunde, Mai–Mitte Juni, zweite Hälfte Aug. tgl. 12–15 Uhr, Mitte Juni–Mitte Aug. tgl. 11–16 Uhr, Sept. Mo–Fr 13–15 Uhr, Sa, So 12–15 Uhr, Eintritt 65 SEK)* aus dem 17. Jh. Prunkvolle Räume mit Möbeln, Textilien, Büchern und eine große Waffensammlung erwarten Sie.

Über Häggeby erreichen Sie *Sigtuna (S. 86)*. Hier lohnt sich ein Bummel durch den Ort mit seinen alten Holzhäusern, bevor Sie Ihre Rückreise nach Stockholm über die Straße 263 (Richtung Märsta) und die E4 antreten.

3 DURCH DIE SCHÄREN VON BOHUSLÄN

Die rund 380 km lange Tour führt Sie durch die Schärenwelt nördlich von Göteborg. Dafür sollten Sie drei Tage einplanen.

Von Göteborg fahren Sie gen Norden – über den Stadtteil Backa nördlich des Göta älvs auf der kleinen Straße nach *Säve*. Hinter Gunnesby bringt Sie eine Fähre über den Nordre älv.

Vorbei an *Kärna* fahren Sie weiter Richtung Tjuvkil, dann auf die Straße 168 nach Koön/Marstrand. Ihr Auto parken Sie auf *Koön*, dann geht es mit der Fähre zur Insel *Marstrand (S. 45)* mit der *Festung Carlsten.*

Weiter fahren Sie auf der 168 und der E6 nach *Stenungssund* (ca. 60 km). Über die gut 1 km lange Tjörnbrücke mit einem phantastischen Blick auf die Schären erreichen Sie dann die Inseln *Tjörn* und *Orust (S. 46)*. Auf Tjörn fahren Sie auf der Straße 169 vorbei an fruchtbaren Äckern bis nach *Rönnäng* (20 km). Dieser Fischerort mit seinen windschiefen Holzhäusern zählt zu den schönsten der Insel. Wenn Sie Hunger bekommen haben, sollten Sie von Rönnäng aus auf der 169 Richtung Bleket fahren und dann links auf die Brücke zur Insel *Klädesholmen* abbiegen. Hier erwartet Sie rechts direkt hinter der

Im Ortszentrum von Sigtuna, der ältesten Stadt Schwedens

Brücke das Restaurant *Salt & Sill (Tel. 0304/67 34 80, €€€)* mit Meeresdelikatessen.

Über *Skärhamn* und *Kållekärr* fahren Sie zurück auf die 169. Vor der Tjörnbrücke geht es in *Myggenäs* links ab Richtung *Orust.* Vor allem im Westen der Insel liegen schöne Fischerdörfer, allen voran *Mollösund.* Hier hängt der Stockfisch zum Trocknen auf Holzgestellen. Übernachten können Sie in der Pension *Utsikten (7 Zi., nur Mitte Juni–Mitte Aug., Tel. 0304/213 14, www.utsikten.cc/Sidor/Sid3.html, €)* mit tollem Meerblick.

Am nächsten Morgen fahren Sie bis zur Straße 160 zurück und durchqueren die Insel Orust. Die Straße führt durch landschaftlich schönes Gebiet und zählt zu den schönsten Schwedens. Sie kommen dann auf die Nachbarhalbinsel *Bokenäs.* Hier lohnt ein Abstecher nach *Fiskebäckskil* (55 km). Dieses malerische Fischerdorf mit weißen Holzhäusern, kreischenden Möwen und rund geschliffenen Felsen ist ein wahres Schärenidyll.

Sie fahren zurück in Richtung der Straße 160, biegen aber vorher links ab nach *Fiskebäck.* Hier nehmen Sie die Fähre nach *Lysekil,* einer kleinen Hafenstadt mit Kurhaus und Kaltbadeanstalt. Über die Straßen 162 und 171 erreichen Sie nach knapp 50 km schließlich *Smögen,* das »Monte Carlo« der Westküste. Hier finden Sie nicht nur viele, viele Yachten, sondern auch reichlich Touristen. Man flaniert auf dem berühmten Pier *Smögenbryggan,* Fischer verkaufen fangfrische Garnelen direkt vom Boot. Ein besonderes Erlebnis ist die Fischauktion *(Mo–Do 8, 17, 19 Uhr, Fr 8 Uhr).* Übernachtungstipp: *Hotell Smögens Havsbad (46 Zi., Hotellgatan 26, Tel. 0523/66 84 50, Fax 66 84 55, www.smogenshavsbad.se, €€€).*

Auf der 174 geht es über Hunnebostrand zurück auf die E6 nach Göteborg (ca. 80 km).

38

Outdoor ist angesagt

Aktivurlauber haben in Südschweden vielfältige und gute Möglichkeiten

Frische Luft und viel Bewegung – die Schweden sind richtige Sportfreaks! Segeln und Ski fahren kann fast jeder, Eishockey und Tennis stehen ebenfalls hoch im Kurs! Am liebsten sind die Schweden in der freien Natur. Entsprechend gut ausgebaut ist das Netz von Rad- und Wanderwegen. Ob Angeln, Wandern, Rad oder Kanu fahren: Überall in Südschweden können Sie in traumhafter Natur Aktivurlaub machen! Auch ungewöhnlichere Aktivitäten wie Draisine fahren oder Riverrafting werden an einigen Stellen angeboten. Erkundigen Sie sich bei den Touristenbüros vor Ort. Die helfen Ihnen gern mit Tipps, Karten und Adressen weiter.

ANGELN

Mit seiner langen Küste und unzähligen Seen ist Südschweden ein Eldorado für Angler. Fischreiche Flüsse sind vor allem der Ätran, Lagan und Nissan an der Westküste sowie der Mörrumsån bei Karlshamn in Blekinge. Hier und an den Seen gilt: Fischen nur mit *fiskekort* (Angelschein). Je nach Angelgebiet kostet sie zwischen 50 und 200 SEK pro Tag. Kaufen können Sie die *fiskekort* in den Touristenbüros oder Sportgeschäften vor Ort. Nur an der Küste und den großen Seen Vänern und Vättern benötigen Sie keinen Angelschein. Infos: *Fiskeriverket, Ekelundsgatan 1, Göteborg, Tel. 031/743 03 00, Fax 743 04 44, www.fiskeriverket.se*

Südschweden mit seinen Schären ist ein Paradies für Segler

DRAISINE

Spannende Draisinentouren gibt es in Dalsland. Auf einer stillgelegten Bahnstrecke fahren Sie 52 km von Bengtsfors ins värmländische Årjäng durch herrliche Landschaft. *9–17 Uhr, 250 SEK, Dal Västra Värmlands Järnväg, Stationsgatan, Bengtsfors, Tel. 0531/52 68 01, Fax 52 68 03, www.dvvj.com*

Insider Tipp

GOLF

In Schweden hat sich Golfspielen zu einem Volkssport entwickelt. Deshalb ist es auch nicht so exklusiv wie in manchen anderen Ländern. Golfplätze in herrlicher Landschaft finden Sie in Südschweden reichlich. Viele davon stehen auch Tagesgästen offen. Infos: *Svenska Golfförbundet (Kevingestrand 20,*

Danderyd, Tel. 08/622 15 00, Fax 755 84 39, www.golf.se). Schöne Plätze gibt es etwa im Süden Ölands *(Grönhögen, Tel. 0485/ 66 59 95, www.gronhogen.se)* oder in Småland *(Golfplatz Tobo, 10 km südlich von Vimmerby, Tel. 0492/ 303 46, www.tobogk.com)*

KANUFAHREN

In den Regionen Dalsland und Värmland können Sie hervorragend Kanu fahren, aber auch in Småland gibt es sehr gute Kanugebiete (z. B. rund um Växjö: die Seen Helga, Åsnen, Möckeln und Bolmen oder beim See Stråken nahe Jönköping). Sie finden ruhige Strecken ebenso wie solche für Wildwassertouren, Reviere für Anfänger ebenso wie für Profis. Infos zu Kanuverleihern und Routenempfehlungen: *Svenska Kanotförbundet, Idrottens Hus, Storforsplan 44, Farsta, Tel. 08/605 65 46, Fax 605 65 65, www.kanotguiden.com, www.kanot.com.*

RADFAHREN

Ausgezeichnete Radwanderwege gibt es in ganz Südschweden. Wer viel Zeit hat, kann 2590 km auf dem *Sverigeleden* von Skåne bis nach Lappland radeln. Mehr als 3000 Nebenstrecken dieses Radwanderwegs führen vorbei an den schönsten Sehenswürdigkeiten und durch herrliche Natur. Dazu kommen spezielle, gut ausgeschilderte Landschaftsrouten wie der *Dalslandsleden* oder *Västgötaleden.* Die Touristenbüros helfen mit detaillierten Auskünften weiter. Infos: *Svenska Cykelsällskapet, Torneågatan 10, Kista, Tel. 08/751 62 04, Fax 751 19 35*

RIVERRAFTING & FLOSSFAHREN

In der unberührten Wildnis Värmlands können Sie sich auf dem Klarälven im Riverrafting versuchen oder Floßfahrten unternehmen. Riverrafting: *Ende Mai–Ende Aug., Branäs Sport AB (Gondolvägen 1, Sysslebäck, Tel. 0564/475 66, Fax 432 16, www.branas.se).* Floßfahrten: *Juni–Anfang Sept., Ein- bis Siebentagestouren, Mo, Di, Do 8.30 Uhr ab Branäsäng und 9.30 Uhr ab Klarälven SweCamp, je nach Länge zwischen 400 und 2050 SEK. Anfahrt: Branäsäng – 180 km nördlich von Karlstad an der Straße 62; Klarälven SweCamp: 135 km nördlich von Karlstad an der Kreuzung der Straßen 62 und 45. Veranstalter: Vildmark i Värmland (Torsby, Tel. 0560/140 40, Fax 130 68, www.vildmark.se).*

SEGELN & SURFEN

Segler- und Surferparadiese sind insbesondere Öland und die vorgelagerten Schären an der Westküste (nördlich von Göteborg), der Südküste (Blekinge), der Ostküste (von Västervik bis Söderköping) und bei Stockholm. Dort gibt es viele Segelschulen auch für Kinder (Segelschein). Für Surfer eignet sich vor allem Tylösand an der Westküste. Eine Liste mit allen Gästehäfen bekommen Sie gegen Gebühr bei *Svenska Turistföreningen (Box 25, 10120 Stockholm, Tel. 08/ 463 21 00, Fax 678 19 58, www.stfturist.se, www.meravsverige.nu).* Weitere Infos: *Svenska Seglarförbundet (af Pontins väg 6, Stockholm, Tel. 08/459 09 90, Fax 459 09 99, www.ssf.se)*

Golf ist in Schweden längst ein Volkssport geworden

WANDERN

Gut markierte Wanderwege durch unberührte Natur finden Sie in ganz Südschweden. Besonders zu empfehlen sind aber der *Kinnekulleleden* am Vänernsee sowie die Regionen *Dalsland (Kroppefjäll, Pilgrimsleden)* und *Värmland (Glaskogen)*. Die örtlichen Touristenbüros haben detailliertes Kartenmaterial und Routenempfehlungen. Infos: *Svenska Turistföreningen (Kungsgatan 2, Stockholm, Tel. 08/ 790 31 00, Fax 20 13 32, www.stfturist.se, www.meravsverige.nu)*. Der Schwedische Touristenverein ist auch für alle Wanderstrecken, Hütten und Jugendherbergen zuständig. Organisierte Wanderreisen können Sie hier ebenfalls buchen.

WINTERSPORT

Ob Ski alpin, Langlauf auf beleuchteten Loipen, Eisangeln auf zugefrorenen Seen oder Schlittschuh laufen auf dem Meer: An winterlichen Outdooraktivitäten mangelt es in Südschweden nicht. Allerdings liegen die besten Loipen und Pisten mit den besten Schneeverhältnissen doch eher im Norden des Landes. Aber auch in Värmland (bei Sunne) lässt es sich schon ganz gut Ski fahren, und überlaufen, wie in so vielen Alpenregionen, ist es dort auch keineswegs. Sonst ist vor allem das Schlittschuhlaufen in den zugefrorenen Schären oder auf dem Göta-Kanal ein ganz besonderes Erlebnis.

Wer die idyllische Winterlandschaft lieber ruhig genießen will, dem sei ein Ausflug zum Eisangeln (Insider Tipp) empfohlen. Wichtige Utensilien sind ein Campingstuhl, eine einfache Angel, ein Eisbohrer, um ein Loch ins Eis zu bekommen, und eine Thermoskanne mit heißem Inhalt. Infos zu Pisten und Liften: *www.skidguiden.se.*

Willkommen und respektiert

Schweden ist sehr kinderfreundlich. Deshalb ist es perfekt geeignet für einen Familienurlaub

Kinder haben es gut in Schweden. Nicht nur, dass man hier besonders nachdrücklich für ihre Rechte eintritt: Schweden war zum Beispiel in den 70er-Jahren das erste Land der Welt, in dem Eltern gesetzlich verboten wurde, ihre Kinder zu schlagen. Die Erwachsenen nehmen sehr viel Rücksicht auf die Belange von Kindern. Ob Spielecken in Geschäften oder kleine Einkaufswagen in den Supermärkten – Schweden ist beispielhaft für einen respektvollen Umgang mit Kindern.

Das merken Sie auch in Ihrem Urlaub: an kindgerechter Ausstattung der Ferienhäuser oder Preisermäßigungen für die Jüngsten. Nicht zu vergessen das riesige Angebot an Attraktionen wie Vergnügungsparks oder Experimentierwerkstätten. Auch der Kontakt zu Tieren und Natur wird groß geschrieben. So wird es Kindern selbst bei Regenwetter nicht langweilig.

DIE SÜDKÜSTE

Eriksbergs Viltreservat **[121 E4]**
Großes Naturschutzgebiet mit Elchen, Wisenten und Wildschweinen in freier Wildbahn etwa 10 km östlich von Karlshamn. Hier können Sie im eigenen PKW, Bus oder Anhänger eine Tour durchs Gelände machen. Am besten fahren Sie abends, dann ist die Wahrscheinlichkeit größer, dass Sie Tiere sehen. Es gibt einen Abenteuerspielplatz und einen kleinen Tierpark. Führungen im Bus oder Anhänger müssen im Voraus gebucht werden. *Juni–Mitte Aug. tgl. 12–19 Uhr, im Juli tgl. 12–20 Uhr, Eintritt 80 SEK, Kinder (8–12 Jahre) 40 SEK, Kinder unter 8 Jahren frei, Traktor und Wagen ohne Führung 600 SEK, mit Führung 1200 SEK, E22 zwischen Karlshamn und Ronneby, Ausfahrt Hälleryd/Åryd, dann ausgeschildert, www.eriksberg.skogssallskapet.se*

Hoglands Park **[121 E3]** Insider Tipp
Unter dem großen Marktplatz in Karlskrona werden Draisinenfahrten durch einen Geheimgang aus dem 18. Jh. angeboten. Er diente früher Transporten zwischen Bahnhof und Kriegshafen. Die Fahrt ist natürlich spannend für Kinder. *Abfahrt im südlichen Teil des Hoglands Parks, nur im Sommer, Anfang Juni–Mitte Aug. tgl. 11–17 Uhr, Erwachsene und Kinder 20 SEK, Tel. 0709/82 29 77*

Mädchen beim Mittsommerfest

DIE WESTKÜSTE

Liseberg **[116 C5]**
Skandinaviens größter Vergnügungspark mit vielen Superattraktionen wie Achter- und Wildwasserbahnen liegt in Göteborg. Neueste Errungenschaft: *Balder*, die größte Achterbahn des Nordens aus Holz. *Juli–10. Aug. Mo–Do, So 11–23 Uhr, Fr, Sa 11–24 Uhr, weitere Zeiten (sie variieren stark) im Internet, Eintritt Erwachsene und Kinder ab 7 Jahren 50 SEK, für die Fahrgeschäfte gibt's verschiedene Ticketpässe von 10–315 SEK, Korsvägen, Göteborg, Tel. 031/40 01 00, www.liseberg.se*

Nordens Ark **[116 B4]**
Wölfe, Luchse, Polarfüchse oder Schneeziegen bekommen Sie in diesem Tierpark zu sehen. Hier werden seltene Tierarten des Nordens, die vom Aussterben bedroht sind, aufgezogen, um sie später auszuwildern. Toller Naturspielplatz für Kinder. *Mitte Juni und Anfang Aug. tgl. 11–18 Uhr, sonst tgl. 11–16 Uhr, Eintritt 105 SEK, Kinder unter 4 Jahren frei, Kinder (4–12) 50 SEK, Jugendliche (13–17) 60 SEK, Åby säteri in Hunnebostrand (Anfahrt über die 171), www.nordensark.se*

Universeum **[116 C5]**
Naturwissenschaft erleben! Auf 10 000 m² gibt es einen Regenwald, Wasserlandschaften, Tiere und verschiedene Abteilungen, in denen Kinder selbst experimentieren können. Eine prima Alternative an Regentagen. *Mitte Aug.–Mitte Juni Di–So 11–18 Uhr, Mitte Juni–Mitte Aug. tgl. 9–19 Uhr, Eintritt Mo–Fr 95 SEK, Sa, So 125 SEK, Kinder unter 5 Jahren frei, Korsvägen, Göteborg, neben Liseberg, www.universeum.se*

VÄNERN UND VÄTTERN

Nils Holgerssons Äventyrspark **[117 D1]**
Ein Paradies für Kinder ist dieser Vergnügungspark mit Kletterwald, Abenteuersee (Floßfahrten), Streichelzoo und Tropenhaus. *Mitte Mai–Mitte Juni und Mitte Aug. bis Anfang Sept. Mo–Fr 10–16 Uhr, Sa, So 10–18 Uhr, Mitte Juni–Mitte Aug. tgl. 10–18 Uhr, Eintritt 100 SEK, Kinder bis zu 14 Jahren in Begleitung der Eltern frei, sonst 35 SEK, im Rottnerospark, an der Straße 45, 5 km südlich von Sunne, www.rottnerospark.se*

Skara Sommarland **[117 D4]**
Großer, in ganz Schweden berühmter Vergnügungspark mit tollen Attraktionen im Tivoli, Wasserland und Motorstadion (Motocross und Kart). *Ende Mai–Mitte Juni tgl. 10–17 Uhr, Mitte Juni–Anfang Aug. tgl. 10–19 Uhr, Anfang–Mitte Aug. tgl. 10–18 Uhr, Eintritt 130–190 SEK, Tel. 0511/77 03 00, Axvall bei Skara, www.sommarland.se*

DIE OSTKÜSTE

Astrid Lindgrens Värld **[121 E1]**
★ Der Themenerlebnispark ist ein absolutes Muss für alle kleinen und großen Astrid-Lindgren-Fans. Auf 100 000 m² hat man einen Märchenpark angelegt, mit Motiven aus Lindgren-Geschichten, in Kindergröße, Maßstab 1 zu 3. Pippis »Villa Kunterbunt« zum Beispiel, die »Mattisburg« aus Ronja Räubertochter oder Michels »Katthulthof«.

Spielszene in Astrid Lindgrens Värld

Hier können Kinder herrlich spielen und toben. Picknickwiesen, Streichelzoo, Kino mit Astrid-Lindgren-Filmen. *Mai, Mitte Aug.–Sept. tgl. 10–17 Uhr, Juni–Mitte Aug. tgl. 10–18 Uhr, Eintritt 180 SEK, Kinder (4–15 Jahre) 135 SEK, Vimmerby, Tel. 0492/798 00, www.alv.se*

Kolmården **[118 C3]**
Der riesige Safaripark ist nicht nur für Kinder faszinierend. Wer noch keinen Elch gesehen hat, bekommt im größten Zoo Nordeuropas eine Chance. Aber natürlich gibt es auch wilde Tiere. Die können Sie aus Ihrem PKW, dem Safarizug oder von oben aus der Seilbahn beobachten. *Mai Mo–So 10–17 Uhr, Anf.–Mitte Juni Mo–Fr 10–17 Uhr, Sa, So 9–16 Uhr, Mitte Juni–10. Aug. tgl. 9–18 Uhr, 11. Aug.–Ende Aug. Mo–Fr 10–17 Uhr, Sa, So 9–18 Uhr, Sept. Sa, So 10–17 Uhr, Eintritt ab 90 SEK, Kinder ab 60 SEK, Kolmården an der E4, Tel. 011/24 90 00, www.kolmarden.com*

STOCKHOLM

Gröna Lund **[E–F 4]**
Über 120 Jahre alter Vergnügungspark mit phantastischen Attraktionen vom Kettenkarussell bis zur Achterbahn. *Stark variierende Öffnungszeiten, Eintritt 60 SEK, Kinder bis 4 Jahre frei, 4–12 Jahre 30 SEK, Fahrcoupons müssen Sie extra lösen, Lilla Allmänna Gränd 9, auf Djurgården in Stockholm, Tel. 08/ 58 75 01 00, www.gronalund.com*

Junibacken **[E 3]**
Hier trifft man sie alle: Pippi, Michel, Ronja und andere Figuren von Astrid Lindgren. Eine Minibahn fährt zur »Villa Kunterbunt«, und dort darf in allen Räumen gespielt werden. *Mitte Juni–Anfang Aug. Mo–Fr 9–20 Uhr, Sa, So 9–18 Uhr, sonst Di–Fr 10–17 Uhr, Sa, So 9–18 Uhr, Eintritt 95 SEK, Kinder (3–15 Jahre) 75 SEK, Galärvarvsvägen auf Djurgården, Stockholm, Tel. 08/ 58 72 30 00, www.junibacken.se*

Angesagt!

Was Sie wissen sollten über Trends, die Szene und Kuriositäten in Südschweden

Nattklubbs

Ob *Spy Bar, Cafe Opera, Prive* oder *Aveny:* In Schwedens Großstädten sind *nattklubbs* absolut in. Wer dahinter Anrüchiges vermutet, liegt falsch. Es handelt sich um ganz gewöhnliche Diskotheken mit Bars, die nur so heißen, weil man sich erst spät ins Nachtleben stürzt. Vor 1 Uhr ist dort nämlich nicht viel los. Draußen bilden sich dafür lange Schlangen, wer hinein will, muss erst an den strengen Türstehern vorbei. Aber das nehmen Nachtschwärmer in Kauf: Nur ein Club, in den alle wollen, ist eben angesagt.

Eishockey

Absoluter Nationalsport Nr. 1 ist Eishockey. Wenn dann auch noch das schwedische Nationalteam Tre Kronor (Drei Kronen) gegen die Finnen spielt, sind die Straßen wie leer gefegt, und alle schauen sich die TV-Übertragung an. Auf den Rängen im Stadion herrscht ausgelassene Stimmung. Viele finnische Gastarbeiter feuern ihre Nationalmannschaft an. So oder so: Die sonst so kühlen Nordländer werden sehr emotional!

Altrocker in Amischlitten

Man sieht sie vor allem auf dem Land: harte Kerls mit Lederwesten und viel Pomade im Haar, die in einem riesigen amerikanischen Straßenkreuzer durch Schwedens ruhige Kleinstädte cruisen. Die *raggare* (Aufreißer) fahren am liebsten in Cliquen herum. Nur der Fahrer ist und bleibt den ganzen Abend nüchtern, schließlich sind die Schweden auf ihre Sicherheit bedacht. Dieses Phänomen ist eine Tradition, die sich aus der zweiten Hälfte des letzten Jahrhunderts in die Gegenwart hinübergerettet hat. Sie wird gewissenhaft gepflegt, genau wie die betagten, viel Benzin schluckenden Schlitten der 50er-Jahre-Rocker, die sich in Clubs zusammengeschlossen haben.

Mode made in Sweden

Schrille, freche Mode von einheimischen Designern ist in Schweden auf dem Vormarsch. Viele kreative Modeschöpfer wie Anna Holtblad, Filippa K., Par Engsheden oder Anna Bengtsson entwerfen originelle Kollektionen, die sie in eigenen Läden verkaufen. Mit Erfolg.

Von Anreise bis Zoll

Hier finden Sie kurz gefasst die wichtigsten Adressen und Informationen für Ihre Südschwedenreise

ANREISE

Auto/Fähre

Die wichtigsten direkten Fährverbindungen ab Deutschland: Travemünde–Trelleborg (7,5 Std.), Rostock–Trelleborg (6 Std.), Sassnitz–Trelleborg (4 Std.) und Kiel–Göteborg (über Nacht, 13,5 Std.). Beliebt ist auch die Vogelfluglinie (Puttgarden–Rødby und Helsingør–Helsingborg).

Bahn

Das Euro Domino Ticket der Deutschen Bahn gilt einen Monat, in dem man an drei Tagen (164 Euro) oder acht Tagen (269 Euro) die Züge nutzen kann. Der Scan-Rail-Pass für Züge in Dänemark, Schweden, Norwegen und Finnland (50 Prozent Ermäßigung für einige Fähren und Buslinien) kostet für 21 Tage unbeschränkter Fahrt 390 Euro (2. Klasse). Verbindungen: Hamburg–Malmö, Berlin–Sassnitz–Trelleborg –Malmö. Info- und Buchungscenter von *SJ* (schwedische Staatsbahnen) für Fahrgäste außerhalb Schwedens: *Sweden booking, Tel. 0046/498/203380, Fax 203391, swedenbooking@gtsab.se*

Bus

Mehrere Buslinien verbinden zahlreiche Städte in Deutschland mit Schweden: z. B. Eurolines (Hamburg–Stockholm, Berlin–Göteborg, Berlin–Stockholm); das ist eine günstige, aber auch unbequeme Alternative. *Deutsche Touring GmbH, Am Römerhof 17, 60486 Frankfurt/M., Tel. 069/790 30, www.deutsche-touring.com*

Flugzeug

Direktflüge mit SAS und Lufthansa nach Stockholm ab Berlin, Düsseldorf, Frankfurt/M., Hamburg, München und Stuttgart. Göteborg nonstop ab Frankfurt/M. und München. Ryanair fliegt ab Frankfurt/Hahn nach Göteborg, Malmö und Stockholm-Skavsta (Nyköping) und ab Lübeck nach Stockholm-Skavsta. Austrian Airlines: nonstop Wien–Göteborg und Wien–Stockholm, SAS und Swiss Air: Zürich–Göteborg, Zürich–Stockholm, Basel–Göteborg und Basel–Stockholm.

AUSKUNFT

Schweden-Werbung für Reisen und Touristik GmbH

Michaelisstraße 22, 20459 Hamburg, Tel. 008 00 30 80 30 80 (nur von Deutschland aus), Fax 32 55 13 33, www.visit-sweden.com

AUTO

Auch am Tag muss mit Abblendlicht gefahren werden. Höchstgeschwindigkeit auf Landstraßen 90 km/h, auf Autobahnen und autobahnähnlichen Straßen 110 km/h. PKW mit Wohnwagen dürfen max. 70 km/h fahren. Innerhalb geschlossener Ortschaften sind max. 50 km/h erlaubt, in Wohngebieten 30 km/h. Alle Insassen müssen sich anschnallen, Kinder bis zum siebten Lebensjahr in einem Kindersitz gesichert werden. Promillegrenze: 0,2. Wer darüber liegt, muss seinen Führerschein abgeben.

Verstöße gegen die Straßenverkehrsordnung werden hart bestraft, bei Geschwindigkeitsüberschreitungen von mehr als 30 km/h kann das Fahrzeug beschlagnahmt werden. Bußgelder sind direkt vor Ort zu bezahlen, manchmal werden auch Kreditkarten akzeptiert.

In vielen Innenstädten wird nach dem *datoparkeringssystem* geparkt: An Tagen mit geradem Datum darf man z. B. nur auf der rechten Straßenseite, an Tagen mit ungeradem Datum nur auf der linken Seite parken. Das Halteverbot wird durch eine durchgehende gelbe Linie am Straßenrand markiert. Achtung: Zwischen Zebrastreifen und parkendem Auto muss ein Abstand von 10 m zur besseren Sicht des Autofahrers freigehalten werden.

€	SEK	SEK	€
1	9,21	10	1,09
2	18,43	20	2,17
3	27,64	25	2,72
4	36,85	30	3,26
5	46,07	40	4,34
7	64,49	50	5,43
8	73,71	70	7,60
9	82,92	80	8,69
10	92,13	90	9,77

CAMPING

Um auf einem schwedischen Campingplatz zu übernachten, benötigen Sie eine aktuelle *Camping Card.* Es gibt sie auf den Campingplätzen oder bei *SCR (Sveriges Campingvärdars Riksförbund, Box 255, 45117 Uddevalla, Tel. 0522/64 24 40, Fax 64 24 30, www.camping.se, 100 SEK/Jahr).*

DIPLOMATISCHE VERTRETUNGEN

Deutsche Botschaft
Skarpögatan 9, Stockholm, Tel. 08/670 15 00, Fax 670 15 72

Österreichische Botschaft
Kommendörsgatan 35, Stockholm, Tel. 08/665 17 70, Fax 662 69 28

Schweizer Botschaft
Birger Jarlsgatan 64, Stockholm, Tel. 08/676 79 00, Fax 21 15 04

EINREISE

Für einen Aufenthalt von bis zu drei Monaten benötigen Reisende aus Deutschland, Österreich und der Schweiz einen gültigen Personalausweis. Kinder unter 16 Jahren brauchen einen Kinderausweis oder müssen im Pass der Eltern eingetragen sein.

GELD & PREISE

Landeswährung ist die Schwedische Krone (SEK). Banken sind Mo–Fr von 9.30–15 Uhr, in größeren Orten an einigen Tagen auch bis 17.30 Uhr geöffnet. Günstigere Wechselkurse gibt es bei den FOREX-Wechselstuben an Fähr- und

Flughäfen, Bahnhöfen sowie in größeren Innenstädten. Alle gängigen Kreditkarten werden akzeptiert. Mit der ec-Karte und der Geheimnummer können Sie an Bankomaten Geld abheben.

Noch gibt es den Euro in Schweden nicht, in einigen Läden, Hotels und Restaurants wird er aber schon akzeptiert.

Seit der Euroumstellung und der Einführung der Ökosteuer in Deutschland sind die Preise in Schweden im Vergleich längst nicht mehr so hoch wie früher. Benzin ist jetzt sogar billiger. Teuer sind nach wie vor Alkohol, Zigaretten, Süßigkeiten, Körperpflegeprodukte und die Preise in Restaurants. Dort isst man mittags deutlich günstiger als abends. Ein Tagesgericht, *dagens rätt,* inklusive Salat, Brot, einem warmen Hauptgericht, einem Softdrink und Kaffee sind dann schon für 60 bis 80 SEK zu bekommen.

Was kostet wie viel?

Kaffee	**ab 2,50 Euro** für eine Tasse Kaffee
Bier	**ab 5,25 Euro** für einen halben Liter
Wein	**ab 5,50 Euro** für ein Glas Wein
Köttbullar	**ab 4,80 Euro** für eine Portion
Benzin	**1,02 Euro** für einen Liter Normal
Zigaretten	**4,20 Euro** für eine Schachtel

GESUNDHEIT

Zwischen Deutschland, Österreich und Schweden besteht ein Sozialversicherungsabkommen. Bei einer Behandlung muss ein Auslandskrankenschein (E 111) vorgelegt werden, der nachher mit der Krankenkasse abgerechnet wird. Sonst muss der Patient die Kosten selbst tragen. Ausländische wie schwedische Patienten müssen eine Bearbeitungsgebühr (180–250 SEK) bezahlen. Im Fall einer Erkrankung wendet man sich in den Krankenhäusern an *Akuten* (Notaufnahme), in kleineren Orten an die *vårdcentral* (ärztlicher Dienst). Es ist empfehlenswert eine Auslandskrankenversicherung abzuschließen (z. B. für Krankenrücktransport).

INTERNET

Das Internet ist in Schweden weit verbreitet, es wird von 76 Prozent der Bevölkerung genutzt, bei Jugendlichen sind es sogar 95 Prozent. Fast alle Firmen, Hotels, Restaurants haben ihre eigene Website. Hier die wichtigsten Adressen: *www.visit-sweden.com, www.sweden.se, www.skandinavien.de* (allgemeine Infos), *www.merasverige.nu* (Schwedischer Touristenverband, Verzeichnis der Jugendherbergen), *www.stuga.nu* (Ferienhäuser).

INTERNETCAFÉS

Göteborg: *Globe internet center (Viktoriagatan 7, Tel. 031/13 98 88); IT-grottan (Chalmersgatan 27, Tel. 031/778 73 77)*

Malmö: *Cyberspace Café (Engelbrektsgatan 13, Tel. 040/23 81 28); Surfers Paradise (Amiralsgatan 14, Tel. 040/12 15 12)*

Stockholm: *Access II (Kulturhuset, Sergels torg, Tel. 08/50 83 15 08); Café Liber/Ferdosi (Drottninggatan 87, Tel. 08/31 20 80); Café Tilt (Grev Turegatan 8, Tel. 08/678 04 24).*

KLIMA & REISEZEIT

Die beste Reisezeit ist der Sommer, dann sind die Tage extrem lang. Auf der Höhe von Stockholm bedeutet dies: Erst gegen 23 Uhr beginnt es zu dämmern, und ab 1 Uhr wird es schon wieder hell.

Der Sommer kann heiß werden. Grundsätzlich müssen Sie aber auch mit kühlem und regnerischem Wetter rechnen. Erfahrungsgemäß regnet es an der Westküste häufiger als im Osten des Landes.

Auch im Winter hat Südschweden seinen Reiz. Richtig kalt wird es oft erst im Februar. Dank des Golfstroms hat Schweden trotz seiner nördlichen Lage gemäßigtes Klima. Im Südwesten ist es im Sommer nicht zu heiß, die Winter sind mild. Anders ist es im Norden und im Osten. Hier herrscht eher kontinentales Klima, mit eher heißen Sommern und kalten Wintern.

MASSE & GEWICHTE

Eine schwedische Meile entspricht 10 km. Statt in Gramm (z. B. bei Rezepten) rechnet man in Deziliter (1 dl = 100 ml).

MIETWAGEN

Die preiswertesten Autovermieter *(biluthyrning)* sind Tankstellen (Statoil, OK). Ein Kleinwagen ist dort schon ab ca. 300 SEK pro Tag zu bekommen. Bedingungen: Mindestalter 19 Jahre, ein Jahr Führerscheinbesitz. Weitere Angebote für

Autovermietungen finden Sie unter *www.marcopolo.de.*

NOTRUF

Für Polizei, Notarzt und Feuerwehr gilt der *Notruf 112.*

Pannenhilfe rund um die Uhr: *Assistans Kåren, Tel. 020/91 29 12.*

ÖFFNUNGSZEITEN

Museen, Sehenswürdigkeiten und Vergnügungsparks haben stark variierende Öffnungszeiten, je nach Saison. Zwischen Mitte Juni und Mitte August, wenn in Schweden Schulferien sind, haben alle deutlich länger geöffnet. Von Oktober bis April können viele Schlösser oder Museen nur an den Wochenenden besichtigt werden. Auch die Restaurants, vor allem in kleinen Orten, haben in der Nachsaison oft ganz geschlossen oder nur an Wochenenden geöffnet. Deshalb sollten Sie unbedingt vorher anrufen.

POST

Postämter in den größeren Städten sind Mo–Fr von 9–18 Uhr, Sa 10–13 Uhr geöffnet. Auf dem Land haben die Postämter kürzere Öffnungszeiten, in vielen Supermärkten ist eine Poststelle integriert. Briefe und Postkarten innerhalb Europas kosten 10 SEK Porto.

STROM

220 Volt Wechselstrom.

TELEFON & HANDY

Telefonkarten für Telefonzellen kauft man in den Telefonläden *(telebutik)* oder am Zeitungskiosk. Münzfernsprecher sind selten. Mit Kreditkarten können Sie ebenfalls telefonieren. Die Vorwahl für Schweden ist 0046, für Deutschland 0049, für Österreich 0043, die Schweiz 0041.

Über 70 Prozent der Schweden besitzen ein Mobiltelefon. Während der Empfang in den Städten meist sehr gut ist, kann es auf dem Land, im Wald oder in den Schären schon mal Probleme geben. In Schweden gibt es drei große Netzanbieter: Telia, Vodafone und Comviq. Telia hat die beste Deckung und ist für alle zu empfehlen, die in Südschweden auf dem Land unterwegs sind.

Um teure Handygebühren im Ausland zu sparen, kann man eine Prepaidkarte kaufen. Diese bekommt man in Deutschland etwa bei *www.prepaidkarten.de.* Oder man besorgt sich vor Ort eine *refillkort,* eine aufladbare Karte, z. B. von Telia.

TRINKGELD

In Taxi-, Hotel- oder Restaurantrechnungen ist das Trinkgeld bereits inbegriffen. Üblicherweise rundet man aber auf und gibt ein kleines Trinkgeld, wenn man mit dem Service zufrieden war.

UNTERKUNFT

Im Sommer und an Wochenenden können Sie in schwedischen Hotels besonders günstig übernachten. Auch mit Hotelschecks wird es billiger. Sie bekommen sie vorab bei deutschen Reiseveranstaltern *(www.skandinavisches-reisebuero.de, www.scandlines.de).*

Besonders beliebt sind Ferienhäuser. Die Preise variieren stark je nach Saison. Infos erhalten Sie im Reisebüro oder bei der Schweden-Werbung. Auch die örtlichen Touristenbüros helfen Ihnen bei Vermittlung und Buchung. Bed & Breakfast ist eine günstige Alternative. Hier können Sie schon für rund 250 SEK pro Person inkl. Frühstück übernachten. Viele dieser Unterkünfte liegen auf dem Land. *Bo på lantgård* hat einen Katalog mit Adressen zusammengestellt *(www.bopalantgard.org)*. Jugendherbergen haben in Schweden meist auch Doppel- und Familienzimmer. Auch Nichtmitglieder können hier gegen eine höhere Gebühr übernachten. Infos bei *Svenska Turistföreningen (Box 25, 10120 Stockholm, Tel. 0046/8/463 21 00, Fax 678 19 58, www.merasverige.nu)*.

ZEIT

In Schweden gilt die mitteleuropäische Zeit (auch Sommerzeit).

ZOLL

Aus EU-Ländern darf man ab einem Alter von 20 Jahren einführen: 5 l Spirituosen, 6 l Likörwein (bis 16 Prozent), 52 l Wein und 64 l Bier, 400 Zigaretten oder 200 Zigarillos oder 100 Zigarren oder 550 g Tabak. Aus einem Nicht-EU-Land darf man 1 l Spirituosen, 2 l Likörwein, 2 l Wein, 64 l Bier, 200 Zigaretten oder 100 Zigarillos oder 50 Zigarren oder 250 g Tabak einführen. Waffen, Munition und CB-Funkgeräte ohne CEPT-Genehmigung sind genehmigungspflichtig. Tränengas gilt in Schweden als Waffe und darf nicht eingeführt werden.

Wetter in Stockholm

	Jan.	Feb.	März	April	Mai	Juni	Juli	Aug.	Sept.	Okt.	Nov.	Dez.
Tagestemperaturen in °C	–1	–1	3	8	14	19	22	20	15	9	5	2
Nachttemperaturen in °C	–5	–5	–4	1	6	11	14	13	9	5	1	–2
Sonnenschein Std./Tag	1	2	5	7	9	10	9	7	6	3	1	1
Niederschlag Tage/Monat	10	7	6	7	7	8	9	10	9	9	10	11
Wassertemperaturen in °C	3	1	1	2	5	10	15	15	13	10	7	4

Pratar du svenska?

»Sprichst du Schwedisch?«
Dieser Sprachführer hilft Ihnen, die wichtigsten Wörter und Sätze auf Schwedisch zu sagen

Zur Erleichterung der Aussprache sind alle schwedischen Wörter mit einer einfachen Aussprache (in eckigen Klammern) versehen.
Im Schwedischen ist das persönliche »Du« üblich. Diesem Brauch wurde auch im vorliegenden Sprachführer gefolgt. Im Deutschen wurde jedoch das »Sie« beibehalten.

AUF EINEN BLICK

Ja./Nein.	Ja. [ja]/Nej. [nëi]
Vielleicht.	Kanske. [kansche]
Bitte.	Varsågod. [warsoguhdi]
Danke.	Tack. [tak]
Gern geschehen.	Ingen orsak. [ingen uhrsahk]
Entschuldigung!	Ursäkta!/Förlåt! [ürsäkta/förloht]
Wie bitte?	Förlåt? [förloht]
Ich verstehe nicht.	Jag förstår inte. [ja förstohrii inte]
Ich spreche nur wenig Schwedisch.	Jag talar bara lite svenska. [ja tahlar bahra lite svenska]
Können Sie mir bitte helfen?	Förlåt, kan du hjälpa mig? [förloht, kan dü jelpa mëi]
Ich möchte … (haben).	Jag skulle vilja (ha) … [jag skule wilja (ha)]
Das gefällt mir (nicht).	Det tycker jag (inte) om. [de tüker ja (inte) om]
Haben Sie …?	Har du …? [hahr dü]
Wie viel kostet es?	Hur mycket kostar den/det? [hühr müke kostar den/det]
Wie viel Uhr ist es?	Hur mycket är klockan? [hühr müke é klokan]

KENNENLERNEN

Guten Morgen!	God morgon! [gumoron]
Guten Tag!	God dag! [gudà]
Guten Abend!	God afton! [guafton]
Hallo! Grüß dich!	Hej! [hëi]

Wie geht es Ihnen/dir?	Hur mår ni/du? [hühr mohr ni/dü]
Danke. Und Ihnen/dir?	Bra tack, och ni/du själv? [bra tak, ok ni/dü schälw]
Auf Wiedersehen!	Adjö! [ajö]
Bis morgen!	Vi ses i morgon! [wi ses imoron]
Tschüss!	Hej då! [hëi do]

UNTERWEGS

Auskunft

links/rechts	till vänster/till höger [til wänster/til höger]
geradeaus	rakt fram [rakt fram]
nah/weit	nära/långt (bort) [nära/longt (bort)]
Entschuldigung, wie komme ich bitte nach …?	Förlåt, hur kommer jag till …? [förloht, hür komer ja til]
Bitte, wo ist …	Förlåt, var ligger … [förloht, war liger]
… der Hauptbahnhof?	… centralstationen? [sentralstaschunen]
… die U-Bahn?	… tunnelbanan? [tunelbahnan]
… der Flughafen?	… flygplatsen? [flügplatsen]
Wie weit ist das?	Hur långt är det? [hühr longt e de]

Panne

Ich habe eine Panne.	Min bil har gått sönder. [min bihl har got söner]
Würden Sie mir bitte einen Abschleppwagen schicken?	Vill du vara vänlig och ringa efter en bärgningsbil? [wil dü wa wenlig o ringa efter en bärjiningsbihl]
Wo ist hier in der Nähe eine Werkstatt?	Finns det en verkstad här i närheten? [fins de en werkstahd här i närheten]

Tankstelle

Wo ist bitte die nächste Tankstelle?	Ursäkta, var ligger närmaste mack/bensinstation? [ursäkta, wahr liger närmaste mak/bensihnstaschun]
Ich möchte … Liter …	Jag vill ha … liter … [ja wil ha … lihter …]
… 95 Oktan bleifrei.	… 95 oktan blyfri. [nitifem oktan blüfri]
… 98 Oktan bleifrei.	… 98 oktan blyfri. [nitiota oktan blüfri]]
… Diesel.	… diesel. [disel]
Voll tanken, bitte.	Full tank, tack. [ful tank, tak]

Unfall

Hilfe!	Hjälp! [jelp]
Achtung!/Vorsicht!	Se upp!/Varning! [se üp/warning]
Rufen Sie bitte schnell …	Var snäll och ring genast efter … [war snel o ring jenast efter]
… einen Krankenwagen.	… ambulans. [ambulans]
… die Polizei.	… polisen. [puliesen]

… die Feuerwehr.	… brandkåren. [brankoren]
Es war meine/Ihre Schuld.	Det var mitt/ditt fel. [det wa mit/dit fehl]
Geben Sie mir bitte Ihren Namen und Ihre Anschrift.	Kan jag få ditt namn och adress. [kan ja fo dit namn o adress]

ESSEN/UNTERHALTUNG

Wo gibt es hier …	Var finns det … [war fins de]
… ein gutes Restaurant?	… en bra restaurang? [en bra resturang]
… ein nicht zu teures Restaurant?	… en inte alltför dyr restaurang? [en inte altför dür resturang]
Gibt es hier eine gemütliche Kneipe?	Finns det någon trevlig kvarterskrog här? [fins de nohgon trewli kwarterskruhg här]
Reservieren Sie uns bitte für heute Abend einen Tisch für vier Personen.	Kan vi få beställa ett bord för fyra personer till i kväll. [kan wi fo bestäla et buhrd för führa persuhner til i kwel]
Zum Wohl!/Prost!	Skål! [skohl]
Bezahlen, bitte.	Kan jag få betala. [kan ja fo betahla]

EINKAUFEN

Wo finde ich …	Var hittar jag … [war hitar ja]
… eine Apotheke?	… ett apotek? [et apotehk]
… eine Bäckerei?	… ett bageri? [et bageri]
… ein Kaufhaus?	… ett varuhus? [et vahrühüs]
… ein Lebensmittelgeschäft?	… en livsmedelsaffär? [en liwsmedelsafähr]
… einen Markt?	… en marknad? [en marknad]

ÜBERNACHTUNG

Können Sie mir bitte … empfehlen?	Kan du rekommendera … [kan dü rekomendéra]
… ein gutes Hotel …	… ett bra hotell? [et brah hutél]
… eine Pension …	… ett pensionat? [et penschunat]
Ich habe ein Zimmer reserviert.	Jag har beställt ett rum. [ja hahr bestält et rüm]
Haben Sie noch Zimmer frei?	Har du något rum ledigt? [har dü nogot rum ledit]
ein Einzelzimmer	ett enkelrum [et enkelrum]
ein Doppelzimmer	ett dubbelrum [et dubelrum]
für eine Nacht	för en natt [för en nat]
für eine Woche	för en vecka [för en weka]
Was kostet das Zimmer mit …	Vad kostar rummet med … [wa kostar rumet]
… Frühstück?	… frukost? [frukost]
… Halbpension?	… halvpension? [halwpanschun]

PRAKTISCHE INFORMATIONEN

Arzt

Können Sie mir einen guten Arzt empfehlen?	Kan du rekommendera en bra läkare? [kan dü rekomedéra en brah läkare]
Ich habe mich verletzt.	Jag har skadat mig. [ja har skahdatt mäj]
Ich habe Fieber.	Jag har feber. [ja har fehber]
Ich habe hier Schmerzen.	Jag har ont här. [ja har unt här]

Bank

Wo ist hier bitte …	Var finns det … här? [war fins de … här]
… eine Bank?	… en bank … [en bank]
… eine Wechselstube?	… ett växelkontor … [et wäxelkontur]
Ich möchte … Euro (Schweizer Franken) in Kronen umwechseln.	Jag skulle vilja växla … Euro (schweiziska francs) till kronor. [ja skule wilja wäxla euro (schwëitsiska frang) til krunuhr]

Post

Was kostet …	Vad kostar … [wa kostar]
… ein Brief …	… ett brev … [et brew]
… eine Postkarte …	… ett vykort … [et wükurt]
… nach Deutschland?	… till Tyskland? [til tüskland]

ZAHLEN

0	noll [nol]	19	nitton [niton]
1	ett [et]	20	tjugo [schügu]
2	två [twoh]	21	tjugoett [schüguet]
3	tre [tre]	22	tjugotvå [schügutwoh]
4	fyra [füra]	30	trettio [treti]
5	fem [fem]	40	fyrtio [förti]
6	sex [sex]	50	femtio [femti]
7	sju [schü]	60	sextio [sexti]
8	åtta [ota]	70	sjuttio [schuti]
9	nio [nie]	80	åttio [oti]
10	tio [tie]	90	nittio [niti]
11	elva [elwa]	100	hundra [hundra]
12	tolv [tolw]	200	två hundra [two hündra]
13	tretton [treton]	1000	tusen [tühsen]
14	fjorton [fjurton]	2000	två tusen [two tühsen]
15	femton [femton]	10 000	tio tusen [tie tühsen]
16	sexton [sexton]		
17	sjutton [schuton]	1/2	hälften [helften]
18	arton [arton]	1/4	en fjärdedel [en fjärdedehl]

Reiseatlas Südschweden

Die Seiteneinteilung für den Reiseatlas finden Sie auf dem hinteren Umschlag dieses Reiseführers

Kartenlegende Reiseatlas

Autobahn, mehrspurige Straße - in Bau Highway, multilane divided road - under construction		Autoroute, route à plusieurs voies - en construction Autosnelweg, weg met meer rijstroken - in aanleg
Fernverkehrsstraße - in Bau Trunk road - under construction		Route à grande circulation - en construction Weg voor interlokaal verkeer - in aanleg
Hauptstraße Principal highway		Route principale Hoofdweg
Nebenstraße Secondary road		Route secondaire Overige verharde wegen
Fahrweg, Piste Practicable road, track		Chemin carrossable, piste Weg, piste
Straßennummerierung Road numbering	E20 11 70 26	Numérotage des routes Wegnummering
Entfernungen in Kilometer Distances in kilometers	259 130 129	Distances en kilomètres Afstand in kilometers
Höhe in Meter - Pass Height in meters - Pass	1365	Altitude en mètres - Col Hoogte in meters - Pas
Eisenbahn - Eisenbahnfähre Railway - Railway ferry		Chemin de fer - Ferry-boat Spoorweg - Spoorpont
Autofähre - Schifffahrtslinie Car ferry - Shipping route		Bac autos - Ligne maritime Autoveer - Scheepvaartlijn
Wichtiger internationaler Flughafen - Flughafen Major international airport - Airport		Aéroport importante international - Aéroport Belangrijke internationale luchthaven - Luchthaven
Internationale Grenze - Provinzgrenze International boundary - Province boundary		Frontière internationale - Limite de Province Internationale grens - Provinciale grens
Unbestimmte Grenze Undefined boundary		Frontière d'Etat non définie Rijksgrens onbepaalt
Zeitzonengrenze Time zone boundary	-4h Greenwich Time -3h Greenwich Time	Limite de fuseau horaire Tijdzone-grens
Hauptstadt eines souveränen Staates National capital	STOCKHOLM	Capitale nationale Hoofdstad van een souvereine staat
Hauptstadt eines Bundesstaates Federal capital	Nancy	Capitale d'un état fédéral Hoofdstad van een deelstat
Sperrgebiet Restricted area		Zone interdite Verboden gebied
Nationalpark National park		Parc national Nationaal park
Antikes Baudenkmal Ancient monument		Monuments antiques Antiek monument
Sehenswertes Kulturdenkmal Interesting cultural monument	Chambord	Monument culturel intéressant Bezienswaardig cultuurmonument
Sehenswertes Naturdenkmal Interesting natural monument	Gorges du Tarn	Monument naturel intéressant Bezienswaardig natuurmonument
Brunnen Well		Puits Bron
Ausflüge & Touren Excursions & tours		Excursions & tours Uitstapjes & tours

Rollag
Prestfoss
Tyrifj.
Nittedal
Kløfta
Holmenkollen
OSLO
Slattum
Lillestrøm
Akershus
Eidskog
Skotterud
Vikersund
Flesberg
Åmot
Asker
Fetsund
Aursmoen
Magnor
Uddh.
Charlottenb.
Lampeland
Hokksund
Nesoddtangen
Bjørkelangen
Øyeren
Løken
Åmotfors
Mjøndalen
Drammen
Ski
Kongsberg
Røyken
Sætre
Drøbak
Hemnes
Jössefors
Skollenborg
Sande
Tofte
Askim
Spydeberg
Glava
Notodden
Skrimfjella
Hvittingfoss
Holmestrand
Mysen
Töcksfors
Telemark
Norsjø
Vestfold
Horten
Moss
Skiptvet
Ørje
Rakkestad
Årjäng
Østfold
Rygge
Åsgårdstrand
Larkollen
Råde
Glåma
Foxen
Siljan
Sem
Lervik
V. Silen
Skien
Porsgrunn
Tønsberg
Sandefjord
Årøysund
Sarpsborg
Fredrikstad
Slevik
Gustavsfors
Herre
Brevik
Tjøme
Oslofjorden
Vesterøy
Halden
Lelång
Stora Le
Bengtsfors
Stathelle
Langesund
Larvik
Stavern
Kirkeøy
Helle
Kragerø
NORGE
Strömstad
Nord-Koster
Sör-
Steneby
Ed
Dalslands kanal
Dalsland
Bäckefors
Hällristningar
Kroppefjäll
Kålla.
Grebbestad
Tanumshede
Högsäter
Mellerud
Fjällbacka
Hamburgsund
Färgelanda
Brålanda
Bovallstrand
Hunnebostrand
Munkedal
Smögen
Kungshamn
Vänersborg
Brastad
Uddevalla
Halleb.
Vargön
Hunneberg
Lysekil
Fiskebäckskil
Henån
Ljungskile
Trollhättan
Ellös
Orust
Nossebro
Mollösund
Lilla Edet
Stenungsund
Tjörn
Lödöse
Skagerrak
Rönnäng
Älvängen
Göta älv
Mjörn
Marstrand
Kungälv
Nol
Gråbo
Alingsås
Kristiansand
Hisingen
Surte
Floda
50 km
GÖTEBORG
Lerum
Partille
Öckerö
Hindås
Skagen
Grenen
Tannis Bugt
Ålbæk Bugt
Ålbæk
Mölnlycke
Mölndal
Kristiansand
Hirtshals
Uggerby
Sindal
Hjørring
Kungsbacka
Lygnern
Kinna
Løkken
Øster Vrå
Frederikshavn
Tjolöholm
Gottskär
Vendsyssel
Sæby
Brønderslev
Vesterø Havn
Læsø
Læsø Rende
Veddige
Aabybro
Voerså
Brovst
Asaa
Oslo-København, Oslo-Helsingborg
Kiel
DANMARK
Nørresundby
Nordjylland
Varberg
Grenaa
Tvååker
Nibe
AALBORG
Hals
Kattegat
Limfjorden
Aalborg Bugt
Kongerslev
Falkenberg

120

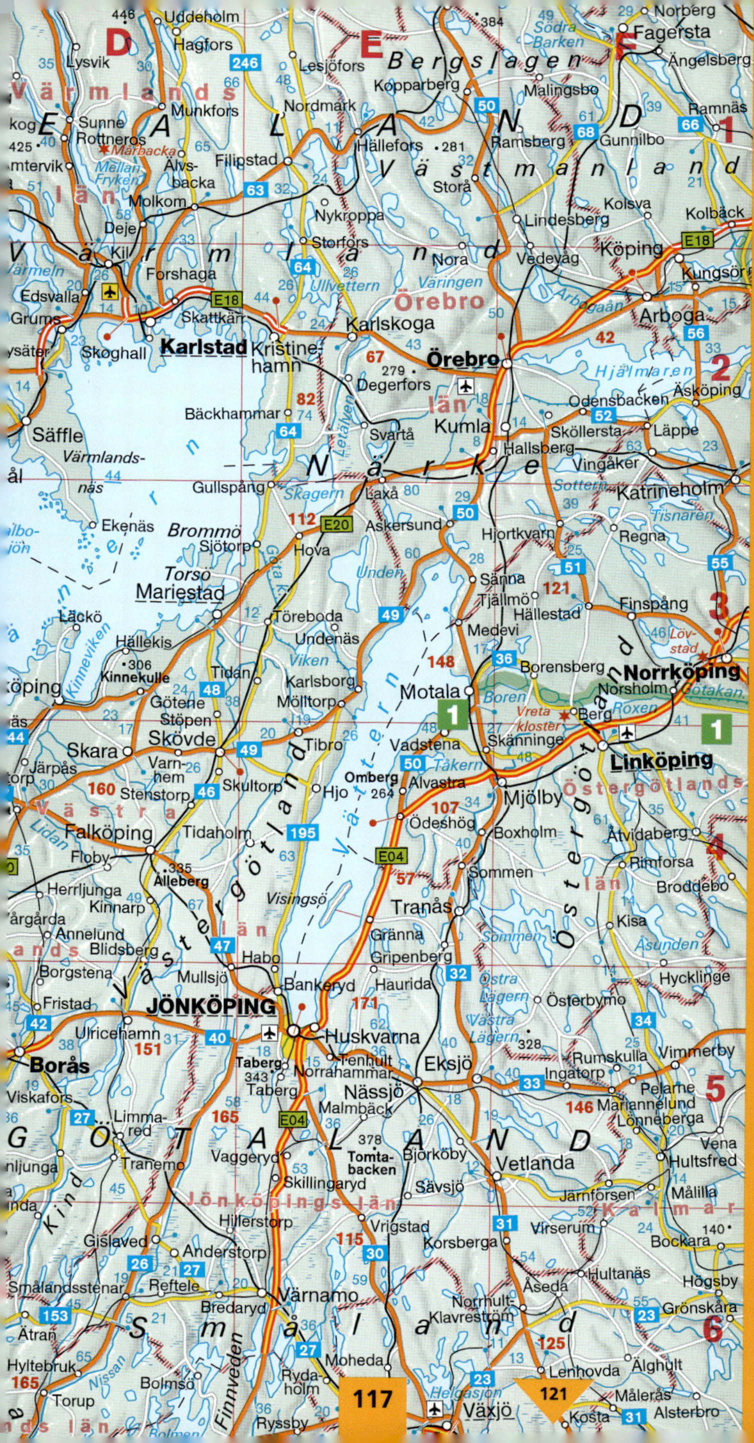
Uddeholm
Hagfors
Lysvik
Bergslagen
Fagersta
Norberg
Ängelsberg
Lesjöfors
Kopparberg
Malingsbo
Södra Barken
Värmlands
Munkfors
Nordmark
Ramnäs
Sunne
Rottneros
Mårbacka
Älvsbacka
Filipstad
Hällefors
Ramsberg
Gunnilbo
Mellan-Fryken
Västmanland
Storå
Molkom
Nykroppa
Kolsva
Kolbäck
Deje
Lindesberg
Kil
Storfors
Nora
Vedevåg
Köping
Kungsör
Forshaga
Ullvettern
Väringen
Arbogaån
Edsvalla
Grums
Skattkärr
Örebro
Arboga
Skoghall
Karlstad
Kristinehamn
Karlskoga
Hjälmaren
Degerfors
Äsköping
Bäckhammar
Letälven
län
Odensbacken
Säffle
Svartå
Kumla
Sköllersta
Läppe
Värmlandsnäs
Hallsberg
Vingåker
Närke
Gullspång
Skagern
Laxå
Sottern
Katrineholm
Tisnaren
Ekenäs
Brommö
Askersund
Hjortkvarn
Regna
Sjötorp
Hova
Torsö
Unden
Mariestad
Sänna
Tjällmö
Hällestad
Finspång
Läckö
Töreboda
Medevi
Lövstad
Kinneviken
Hällekis
Undenäs
Viken
Borensberg
Norrköping
Kinnekulle
Tidan
Karlsborg
Motala
Boren
Norsholm
Götakanal
Götene
Mölltorp
Vreta kloster
Berg
Roxen
Stöpen
Skara
Skövde
Tibro
Vadstena
Skänninge
Linköping
Järpås
Varnhem
Tåkern
Stenstorp
Skultorp
Hjo
Omberg
Alvastra
Mjölby
Östergötlands
Västra
Ödeshög
Falköping
Tidaholm
Boxholm
Åtvidaberg
Lidan
Floby
Alleberg
Vättern
Rimforsa
Sommen
Herrljunga
Kinnarp
Västergötland
Visingsö
Tranås
Broddebo
Kisa
Annelund
Gränna
Östergötland
Blidsberg
Åsunden
Borgstena
Habo
Gripenberg
Hycklinge
Mullsjö
Bankeryd
Haurida
Östra Lägern
Österbymo
Fristad
JÖNKÖPING
Ulricehamn
Huskvarna
Västra Lägern
Borås
Taberg
Tenhult
Eksjö
Rumskulla
Vimmerby
Norrahammar
Ingatorp
Pelarne
Viskafors
Nässjö
Mariannelund
Malmbäck
Lönneberga
Limmared
GÖTALAND
Vena
Tomtabacken
Björköby
Vetlanda
Hultsfred
Vaggeryd
Tranemo
Skillingaryd
Sävsjö
Järnforsen
Målilla
Jönköpings län
Kalmar
Hillerstorp
Vrigstad
Virserum
Bockara
Gislaved
Korsberga
Anderstorp
Hultanäs
Högsby
Smålandsstenar
Reftele
Åseda
Värnamo
Bredaryd
Norrhult-Klavreström
Grönskåra
Småland
Ätran
Finnveden
Hyltebruk
Moheda
Lenhovda
Älghult
Nissan
Bolmsö
Rydaholm
Helgasjön
Måleräs
Torup
Ryssby
Växjö
Kosta
Alsterbro
Bolmen

A
B
C
1
2
3
4
5
6
Hagfors
Lysvik
Värmlands
Lesjöfors
Bergslagen
Kopparberg
Södra Barken
Norberg
Fagersta
Ängelsberg
Västma
Sala
Munkfors
Nordmark
Malingsbo
län
Mårbacka
Älvsbacka
Filipstad
Hällefors
Ramsberg
Gunnilbo
Ramnäs
Skultun
Mellan Fryken
Molkom
Västmanland
Storå
Nykroppa
Västerås
Deje
Storfors
Lindesberg
Kolsva
Kil
Forshaga
Nora
Vedevåg
Köping
Kolbäck
Tidö
Sundbyholm
Ullvettern
Väringen
Kungsör
Skattkärr
Örebro
Arbogaån
Arboga
Karlstad
Kristinehamn
Karlskoga
Skoghall
Degerfors
Hjälmaren
Eskilstuna
Södermanland
Bäckhammar
Odensbacken
Äsköping
Svartå
Kumla
Sköllersta
Läppe
Hallsberg
Flen
Vingåker
Gullspång
Närke
Skagern
Laxå
Sottern
Katrineholm
Askersund
Hjortkvarn
Tisnaren
Bettna
Ekenäs
Brommö
Sjötorp
Hova
Regna
Torsö
Mariestad
Unden
Yngaren
Sänna
Tjällmö
Hällestad
Finspång
Kila
Kolmården
Hällekis
Töreboda
Undenäs
Medevi
Krokek
Kinnekulle
Viken
Borensberg
Lövstad
Norrköping
Tidan
Karlsborg
Motala
Götene
Mölltorp
Boren
Norsholm
Vretakloster
Roxen
Göta kanal
Mem
Stöpen
Berg
Skövde
Tibro
Vadstena
Skänninge
Söderköping
Varnhem
Omberg
Tåkern
Linköping
Börrum
Stenstorp
Skultorp
Hjo
Alvastra
Mjölby
Östergötlands
Ringarum
Tidaholm
Ödeshög
Boxholm
Valdemarsvik
Åtvidaberg
Alleberg
Vättern
Västergötland
Östergötland
Visingsö
Sommen
Rimforsa
Kinnarp
Tranås
Broddebo
Blidsberg
Gränna
Kisa
Edsbruk
Överum
Habo
Gripenberg
Åsunden
Gamleby
Mullsjö
Bankeryd
Haurida
Östra Lägern
Hycklinge
Jönköping
Österbymo
Almvik
Ulricehamn
Huskvarna
Västra Lägern
Taberg
Tenhult
Norrahammar
Eksjö
Rumskulla
Yxern
Nässjö
Ingatorp
Pelarne
Vimmerby
Malmbäck
Mariannelund
Lönneberga
Tomtabacken
Vaggeryd
Björköby
Vetlanda
Vena
Skillingaryd
Sävsjö
Hultsfred
Småland
Jönköpings län
Järnforsen
Målilla
Kristdala
Figeholm
Gislaved
Hillerstorp
Vrigstad
Kalmar
Anderstorp
Korsberga
Virserum
Reftele
Bockara
Oskarshamn
Värnamo
Hultanäs
Bredaryd
Åseda
Emån
Högsby
Påskallavik
Norrhult-Klavreström
Grönskara
Moheda
Bolmsö
Ryda
Lenhovda
Alghult
Målerås
Ålem
Ryssby
Alvesta
Kosta
Alsterbro
Bolmen
Helgasjön
121
118

D
E
F
Vattholma
Uppsala
UPPSALA
Skebobruk
Väddö
Älmsta
Åland
SUOMI
Mariehamn
Turku
Björkö
Vätö
Edsbro
Almunge
Erken
Fjärdhundra
Sunnersta
län
Rimbo
Norrtälje
Kappellskär
Ålands Hav
+1h Gr. Time
+2h Gr. Time
Paldiski
Norröra
Furusund
Blidö
Yxlan
Bergshamra
Örsundsbro
Skokloster
Ekolsund
Sigtuna
Lunda
Märsta
Enköping
Väsby
Roslagen
Åkersberga
Ljusterö
Möja
Tibble
Täby
Sollentuna
Selaön
STOCKHOLM
Drottningholm
Vindö
Gustavsberg
Sandhamn
Tallinn, Helsinki
Mariefred
Birka
Vårby
Saltsjöbaden
Runmarö
Södertälje
Taxinge
Stockholms
Tumba
Västerhaninge
Handen
Järna
Södertörn
län
Björnlunda
Soruda
Ornö
Muskö
Vagnhärad
Ösmo
Utö
Trosa
Nynäshamn
Tullgarns slott
Torö
Askö
Nyköping
Långö
Ringsön
Oxelösund
Östersjön
Arkö
Arkösund
Finnö
Fångö
Gotska Sandön (Sverige)
Nationalpark
Askö
Fårö
Holmudden
Kappelshamn
Fårösund
Tingstäde
Lärbro
Slite
Visby
Bro
Gothem
Gotlands
Roma
Gotland
Västergarn
Hejde
Katthammarsvik
Ölands norra udde
Klintehamn
Ala
län
Ljugarn
Grankullavik
Lye
Hemse
Böda
Högby
Gdańsk
Burgsvik
Faludden
Sundre
Hoburgen
50 km
1
2
3
4
5
6

A
116
GÖTEBORG
Öckerö
Grenen
Ålbæk Bugt
Ålbæk
1
Frederikshavn
Sæby
Vesterø Havn
Læsø
Voerså
Læsø Rende
94
Kungsbacka
Gottskär
Tjolöholm
Mölndal
Mölnlycke
Partille
Lerum
Sandared
Hindås
Borås
Fritsla
Viskafors
Kinna
Lygnern
Limmared
Svenljunga
Tranemo
Östra Frölunda
Horred
Mjöback
Gislaved
Veddige
Viskan
Älvsered
Smålandsstenar
Ullared
Varberg
Tvååker
Ätran
Hyltebruk
Torup
Nissan
Falkenberg
Hallands län
Getinge
Lidhult
Oskarström
Vrå
Halmstad
Tylösand
Trönninge
Knäred
Laholmsbukten
Laholm
Markaryd
Våxtorp
Hallands Väderö
Båstad
Torekov
Vejbystrand
Hallandsåsen
Skälderviken
Kullen
Mölle
Ängelholm
Munka-Ljungby
Örkelljunga
Höganäs
Brunnby
Åstorp
Klippan
Tyringe
Perstorp
Bjuv
Söderåsen
Sösdala
HELSINGBORG
Röstånga
Svalöv
Landskrona
Eslöv
Kävlinge
Lund
Dalby
Lomma
Staffanstorp
MALMÖ
Svedala
Skurup
Vellinge
Höllviken
Skanör med Falsterbo
Trelleborg
Smygehamn
Abbekås
Øresund
2
Kattegat
Oslo-København, Oslo-Helsingborg
Kiel-Göteborg
Kiel-Oslo
Anholt (Dan.)
25
Fjellerup
Århus
Djursland
3
Fornæs
Grenaa
Tirstrup
DANMARK
Bjerge
Ebeltoft
Hesselø
Helgenæs Bugt
Århus Bugt
Gniben
Nordby
4
Samsø
Sejerø
Sejerø Bugt
Nykøbing S.
Hundested
Frederiksværk
Helsingør
Gilleleje
Hillerød
Hørsholm
Birkerød
Frederiksborg
Frederikssund
Vig
Skibby
Holbæk
Vestsjælland
Røsnæs
Ballen
Samsø Bælt
Kalundborg
Roskilde
København
KØBENHAVN
Amager
Fyns Hoved
Hindsholm
Jyderup
Sjælland
Haslev
Martofte
Gørlev
Kerteminde
Slagelse
Sorø
Ringsted
Køge
Køge Bugt
5
Korsør
Fuglebjerg
Hårlev
Store Heddinge
Stevns Klint
K.Hvalsø
Nyborg
Ørbæk
Agersø
Skælskør
Næstved
Fakse
Rødvig
Rønnede
Omø
Storebælt
Præstø
Fakse Bugt
Skårup
Lohals
Smålandsfarvandet
Vordingborg
Møn
Borre
Møns Klint
Stege
Storstrøm
Langeland
Spodsbjerg
Horslunde
Tårs
Nørre Alslev
6
Nakskov
Bandholm
Sakskøbing
Stubbekøbing
Falster
Søllested
Lolland
Nykøbing F.
Maribo
Rødby
Rødbyhavn
Væggerløse
Fehmarnbelt
Puttgarden
Nysted
Gedser
Travemünde, Warnemünde
Rügen
Kap Arkona
Altenkirchen
DEUTSCHLAND
E20
E06
E55
E47
E65
E22

118
Huskvarna
Västervik
Tenhult
Eksjö
Rumskulla
Vimmerby
Taberg
Norrahammar
Nässjö
Ingatorp
Pelarne
Mariannelund
Eknö
Malmbäck
Lönneberga
Vena
Tomta-backen
Björköby
Vetlanda
Hultsfred
Skillingaryd
Sävsjö
Järnforsen
Målilla
Kristdala
Figeholm
Ölands norra
Byxelkrok
Vrigstad
Virserum
Kalmar län
Runnö
Korsberga
Bockara
Oskarshamn
Hultanäs
Byerums-raukar
Värnamo
Åseda
Högsby
Påskallavik
Norrhult-Klavreström
Grönskära
Sandvik
Moheda
Älghult
Ryda-holm
Helgasjön
Lenhovda
Ålem
Måleräs
Borgholm
Alsterbro
Egby
Ryssby
Alvesta
Växjö
Kosta
Ljungby
Vislanda
Lessebo
Läckeby
Noaks ark
Hovmantorp
Nybro
Eriksmåla
Örsjö
Kalmar
Färjestaden
Kronobergs län
Liatorp
Åsnen
Möckeln
Emmaboda
Påryd
Vassmolösa
Gårdby
Mörbylånga
Älmhult
Älmeboda
Vissefjärda
Torsås
Tingsryd
Öland
Lönsboda
Almundsryd
Eringsboda
Bergkvara
Kalmarsund
Osby
Glimåkra
S. Möckleby
Blekinge län
Immeln
Olofström
Brömsebro
Lyckeby
Ottenby
Broby
Mörrum
Länge Jan
Pukavik
Ronneby
Jämjö
Ölands södra udde
Hässleholm
Hovgården
Karlshamn
Karlskrona
Vinslöv
Ivösjön
Sölvesborg
Aspö
Torhamn
Bromölla
Pukaviksbukten
Tjurkö
Sturkö
Utlängan
Nogersund
Kristianstad
Hanö
Tollarp
Åhus
Degeberga
Hanöbukten
Kivik
Lövestad
Gärsnäs
Simrishamn
København-Klaipėda
Tomelilla
Glimmingehus
Skillinge
Borrby
Sand-hammaren
Kåse-berga
Bornholmsgattet
Christiansø (Dan.)
Gdynia
Sandvig
Hammershus
Allinge
Bornholm (Dan.)
Gudhjem
Born-holm
Svaneke
Rønne
Aakirkeby
Neksø
Östersjön
Świnoujście
Sassnitz
50 km
POLSKA
Ustka

A
B
C
1
2
3
Göteborg
300 m
Polstjärnegatan
Ceresgatan
Pejlgatan
Industrie-
gelände
Industriegelände
Stigbergskajen
Göteborgs
operan
Maritima
Centrum
Packhuskajen
Götebo
Sta
mus
Norra
Stora
Södra
Lilla
Torget
Magasi
Skeppsbrokajen
Skeppsbron
St. Badhusgatan
Kungsgatan
Göta älv
Masthuggskajen
Stigbergskajen
Andreegatan
Folkets Hus
Rosenlundsgatan
Rosenlundskan.
Järn-
torget
Södra Allégatan
Haga
kyrka
Oskars Gatan
Stigbergsliden
Sc. Johannes
kyrka
Mast-Hamsgatan
Första Långgatan
Andra Långgatan
Tredje Långatan
Nordhemgatan
Linnégatan
Haga
Nygata
Kaponjärg
Sprängkullsg.
Frigångsgatan
Pilgatan
Handels
högskolan
Sjöfarts-
museet
Djurgårdsgatan
Kjellmansgatan
Mathuggs
kyrkan
Bangatan
Fjällgatan
Skans-
parken
Museum
Skans-
torg

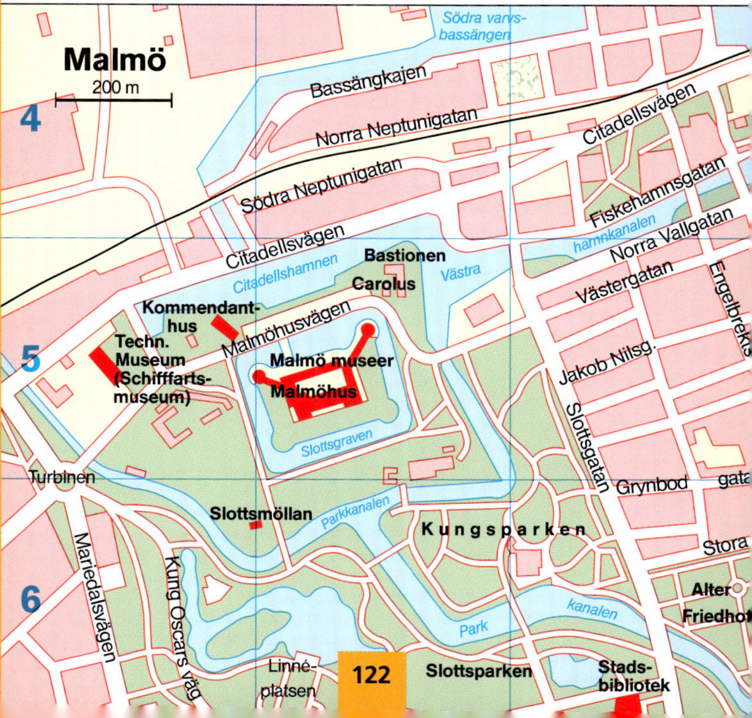
Malmö
200 m
4
5
6
Södra varvs-
bassängen
Bassängkajen
Norra Neptunigatan
Södra Neptunigatan
Citadellsvägen
Fiskehamnsgatan
hamnkanalen
Norra Vallgatan
Västergatan
Engelbrekts
Citadellsvägen
Citadellshamnen
Bastionen
Carolus
Västra
Kommendant-
hus
Malmöhusvägen
Techn.
Museum
(Schifffarts-
museum)
Malmö museer
Malmöhus
Jakob Nilsg.
Slottsgraven
Slottsgatan
Turbinen
Slottsmöllan
Parkkanalen
Kungsparken
Grynbod
gata
Stora
Alter
Friedhof
Mariedalsvägen
Kung Oscars väg
Park
kanalen
Linné-
platsen
Slottsparken
Stads-
bibliotek

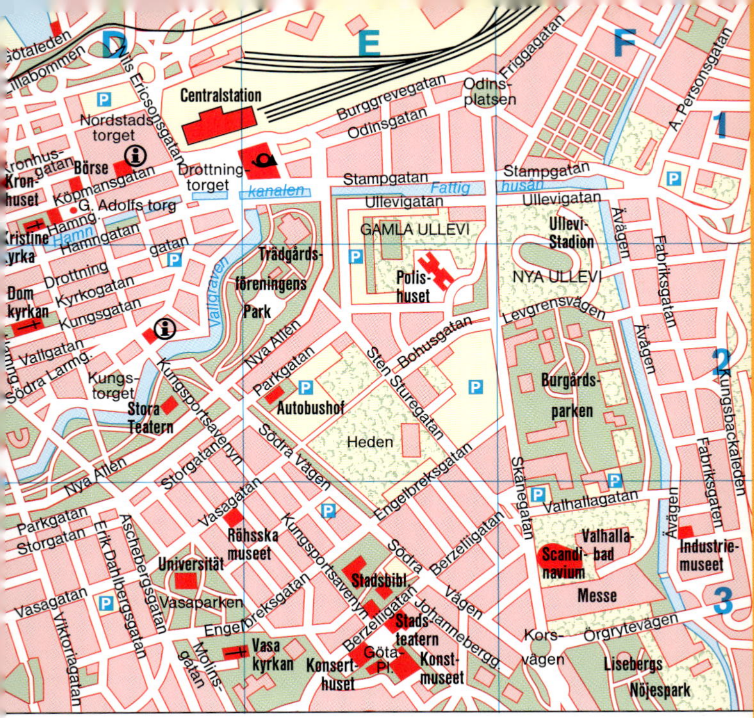
D
E
F
1
2
3
Götaleden
Nils Ericsonsgatan
Centralstation
Nordstads-torget
Burggrevegatan
Odinsgatan
Odins-platsen
Friggagatan
A. Personsgatan
Kronhus-gatan
Börse
Kron-huset
Köpmansgatan
G. Adolfs torg
Drottning-torget
kanalen
Stampgatan
Fattig
husån
Ullevigatan
Hamng.
Hamngatan
Hamn
Kristine kyrka
GAMLA ULLEVI
Ullevi-Stadion
NYA ULLEVI
Ävägen
Fabriksgatan
Trädgårds-föreningens Park
Vallgraven
Polis-huset
Drottning
Kyrkogatan
Kungsgatan
Dom kyrkan
Levgrensvägen
Vallgatan
Södra Larmg.
Kungs-torget
Stora Teatern
Kungsportsavenyn
Nya Allén
Parkgatan
Autobushof
Sten Sturegatan
Bohusgatan
Heden
Burgårds-parken
Kungsbackaleden
Södra Vägen
Engelbrektsgatan
Skånegatan
Valhallagatan
Nya Allén
Storgatan
Parkgatan
Storgatan
Vasagatan
Erik Dahlbergsgatan
Aschebergsgatan
Röhsska museet
Universität
Kungsportsavenyn
Stadsbibl
Södra Vägen
Berzeliigatan
Valhalla-bad
Scandi-navium
Messe
Industrie-museet
Vasagatan
Vasaparken
Engelbreksgatan
Stads-teatern
Johanneberg
Kors-vägen
Örgrytevägen
Viktoriagatan
Molins-gatan
Vasa kyrkan
Konsert-huset
Göta-Pl.
Konst-museet
Lisebergs Nöjespark

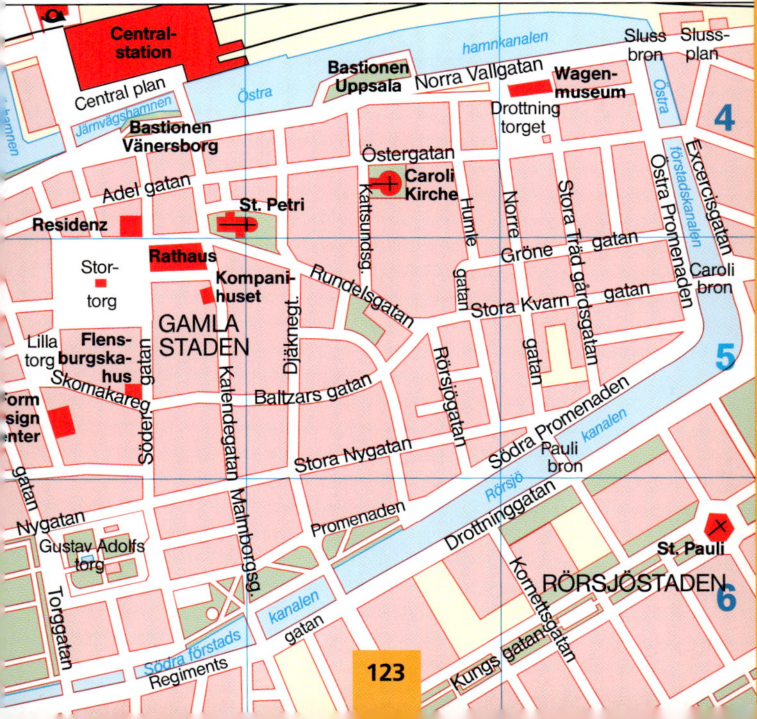
Central-station
hamnkanalen
Sluss-bron
Sluss-plan
Central plan
Järnvägshamnen
Östra
Bastionen Uppsala
Norra Vallgatan
Wagen-museum
Östra
4
Bastionen Vänersborg
Drottning torget
Östergatan
förstadskanalen
Excercisgatan
Adel gatan
Caroli Kirche
Kattsundsg.
Hunte gatan
Norre Gröne gatan
Stora Träd gårdsgatan
Östra Promenaden
Residenz
St. Petri
Rathaus
Stor-torg
Kompani-huset
Rundelsgatan
Caroli bron
Stora Kvarn gatan
Lilla torg
Flens-burgska-hus
GAMLA STADEN
Djäknegt.
Rörsjögatan
5
Skomakareg.
Södergatan
Kalendegatan
Baltzars gatan
Södra Promenaden
kanalen
Form Design Center
Stora Nygatan
Pauli bron
Rörsjö
Nygatan
Gustav Adolfs torg
Malmborgsg.
Promenaden
Drottninggatan
St. Pauli
RÖRSJÖSTADEN
6
Torggatan
kanalen
gatan
Kornettsgatan
Södra förstads
Regiments
Kungs gatan

In diesem Register sind alle Orte und Ausflugsziele verzeichnet, außerdem viele zusätzliche Stichworte. Halbfette Seitenzahlen verweisen auf den Haupteintrag, kursive auf ein Foto.

Schreiben Sie uns!

Liebe Leserin, lieber Leser,

wir setzen alles daran, Ihnen möglichst aktuelle Informationen mit auf die Reise zu geben. Dennoch schleichen sich manchmal Fehler ein – trotz gründlicher Recherche unserer Autoren/innen. Sie haben sicherlich Verständnis, dass der Verlag dafür keine Haftung übernehmen kann. Wir freuen uns aber, wenn Sie uns schreiben.

Senden Sie Ihre Post an die MARCO POLO Redaktion,
Mairs Geographischer Verlag, Postfach 31 51, 73751 Ostfildern,
marcopolo@mairs.de

Impressum

Titelbild: Schärenküste bei Göteborg (T. Kliem)
Fotos: R. Freyer (28, 75); S. Gabriel (5 r.); U. Haafke (31, 34, 54, 61); HB Verlag: Kiedrowski, Koshofer, Schwarz (65), Riehle (U. M., U. r., 2 o., 2 u., 4, 9, 15, 24, 25, 26, 32, 36, 40, 42, 46, 49, 52, 63, 71, 74, 76, 79, 80, 81, 84, 86, 91, 93, 98, 101, 102); O. Heinze (94); T. Kliem (U. l., 35, 38, 50, 64, 88, 113); La Terra Magica: Lenz (1, 7, 18, 20, 72, 97); Dr. C. Nowak (6, 11, 22, 58, 68); Okapia: Francis (5 l., 12) Wanadoo: Ma. Sánchez Peral/de Lope Tizón(16, 53)

1. Auflage 2004 © Mairs Geographischer Verlag, Ostfildern
Herausgeber: Ferdinand Ranft, Chefredakteurin: Marion Zorn
Bildredaktion: Gabriele Forst (Leitung), Carmen Kubitz
Kartografie Reiseatlas: © Mairs Geographischer Verlag/RV Verlag, Ostfildern
Gestaltung: red.sign, Stuttgart
Sprachführer: in Zusammenarbeit mit Ernst Klett Verlag GmbH, Stuttgart, PONS Wörterbücher

Printed in Germany. Gedruckt auf 100% chlorfrei gebleichtem Papier

Bloß nicht!

Einige Tipps, die Sie vor unliebsamen oder peinlichen Erlebnissen bewahren können

Unsicher übernachten

Wohnmobilreisende sollten keinesfalls auf Rastplätzen an den Touristenstrecken wie der E6 oder E4 übernachten! Überfälle auf ausländische Touristen haben dort leider stark zugenommen.

Rauchverbot missachten

Wer raucht, hat es in Schweden nicht leicht, denn das Land ist auf dem besten Weg, zur rauchfreien Zone zu werden. In öffentlichen Gebäuden ist das Rauchen verboten. Nichtraucherbereiche beherrschen die Restaurants, in vielen darf überhaupt nicht geraucht werden. Und auch privat und am Arbeitsplatz ist es üblich, für die Zigarette auf den Balkon zu gehen. Wer sich nicht daran hält, benimmt sich schwer daneben.

Schuhe anlassen

Bei privaten Einladungen zieht man an der Wohnungstür die Schuhe aus. Diese rücksichtsvolle Sitte ist ein Relikt aus alten Zeiten, als man noch den Mist vom Hof unter den Schuhen trug, den man in der Wohnstube natürlich nicht haben wollte. Auch Pfützen unter dem Esstisch durch Schnee und Eis werden so vermieden.

Unangenehm auffallen

Lautes Reden, Gestikulieren oder Streiten mögen die Schweden nicht. Keiner steht hier gern im Vordergrund und verhält sich wie ein Alleinunterhalter. Alle sollen möglichst eine ruhige, homogene Gruppe bilden, aus der keiner ausschert. Zum Beispiel durch Wortgefechte. Denn das setzt die Schweden einem peinlichen Konflikt aus, weil sie reagieren müssten. Und damit stünden sie dann plötzlich im Mittelpunkt.

Sich nicht bedanken

Ob nach dem Frühstück, dem Mittag- oder Abendessen: Beim Aufstehen vom Tisch bedankt man sich fürs Essen *(tack för maten)*. Egal, ob nur die eigene Familie am Tisch sitzt oder ob man eingeladen wurde. Bei Gastgebern bedankt man sich bei nächster Gelegenheit nochmal für die Einladung mit einem *tack för senast* (danke für neulich).

Vordrängeln

Niemand steht gern Schlange, aber wenn es sein muss, dann bitte ruhig und gesittet! Sich vorzudrängeln, nur weil man es eilig hat, gilt in Schweden als unsozial und unfair. In Geschäften, Banken oder auf der Post gibt es deshalb Nummernzettel, die einem genau zeigen, wann man an der Reihe ist. Dieses System haben die Schweden verinnerlicht, und es klappt mit dem geordneten Anstehen auch dort, wo es keine Nummernzettel gibt.